Notions Scolaires
DE MUSIQUE

PAR

A. LAVIGNAC

Professeur d'Harmonie au Conservatoire National de Musique

LIVRE DE L'ÉLÈVE

PRINCIPES THÉORIQUES — SOLFÈGE & CHANTS AVEC PAROLES

DEVOIRS A ÉCRIRE — QUESTIONNAIRE

Cartonné, Prix net : **1 fr. 50**

LIVRE DU PROFESSEUR

SOLUTIONS DES DEVOIRS

RÉPONSES AU QUESTIONNAIRE — DICTÉES

Broché, Prix net : **1** franc

HENRY LEMOINE & Cie

17, Rue Pigalle, PARIS — BRUXELLES, Rue de l'Hôpital, 44

Notions Scolaires
DE MUSIQUE

PAR

A. LAVIGNAC

Professeur d'Harmonie au Conservatoire National de Musique

LIVRE DE L'ÉLÈVE

PRINCIPES THÉORIQUES — SOLFÈGE & CHANTS AVEC PAROLES

DEVOIRS A ÉCRIRE — QUESTIONNAIRE

Cartonné, Prix net : **1 fr. 50**

LIVRE DU PROFESSEUR

SOLUTIONS DES DEVOIRS

RÉPONSES AU QUESTIONNAIRE — DICTÉES

Broché, Prix net : **1 franc**

HENRY LEMOINE & Cie

17, Rue Pigalle, PARIS — BRUXELLES, Rue de l'Hôpital, 44

AVERTISSEMENT DES ÉDITEURS

Les programmes actuels de l'enseignement primaire imposant dans les Écoles l'étude des premières notions de Théorie musicale, en même temps que le Solfège, la Dictée et les Chants à une et deux voix, éléments qui jusqu'à présent faisaient l'objet de plusieurs publications distinctes, nous avons eu la pensée de demander à M. Lavignac, auteur de nombreux ouvrages didactiques, qui a enseigné le Solfège au Conservatoire pendant vingt ans, de réunir en deux volumes les matières imposées par les nouveaux programmes pour les deux premières années d'études musicales dans les Écoles.

Dans les notes ci-dessous, l'auteur donne l'indication et le classement des matières contenues dans le premier volume ainsi que des conseils sur le mode le plus pratique d'utiliser l'ouvrage.

NOTES DE L'AUTEUR

Le moment le plus convenable pour entreprendre les études musicales élémentaires est celui où l'enfant commence à savoir lire couramment, sans avoir besoin d'épeler et de décomposer les mots en syllabes.

Le présent volume contient la somme de travail que l'on peut raisonnablement exiger d'enfants fréquentant les établissements scolaires pendant la première année de leurs études.

Sa division en *80 Leçons* n'a rien d'absolu. Rien n'empêche le professeur d'utiliser deux ou plusieurs de ces Leçons en une même séance s'il a affaire à des élèves zélés et bien organisés, ou, inversement, de consacrer plusieurs cours consécutifs à une seule Leçon si elle paraît difficile à comprendre.

Chacune des 80 Leçons est divisée selon un plan uniforme :

1° *Exposition des principes théoriques*
2° *Questionnaire* et *devoirs à écrire* en dehors du cours.
3° *Chant avec paroles*

Toutefois les deux premières sont dépourvues d'exercices de solfège, et les chants avec paroles n'apparaissent qu'à la 24e.

Dès la première, et jusqu'à la 8me leçon, puis ensuite de la 19me à la 25me, on trouvera des *Exercices d'écriture musicale* au point de vue de la calligraphie ; l'élève devra faire ces exercices chez lui, entre deux classes, ainsi que les réponses au questionnaire et les devoirs écrits.

Au sujet du *Questionnaire*, je ferai observer qu'il contient presque toujours, à la suite des questions s'appliquant au point de théorie qui fait l'objet du chapitre, d'autres questions relatives à des sujets divers déjà traités ; ceci dans le but de les maintenir constamment dans la mémoire de l'élève.

A ces divers exercices s'ajoutent, à partir de la 5me leçon et continuant sans interruption jusqu'à la fin, des exercices de *Dictée musicale* qui, bien entendu, ne figurent que dans le livre du Professeur.

(Dans ce livre du Professeur, qui est un corrigé, on trouvera disposé systématiquement, pour chaque leçon :

1° Les réponses au Questionnaire.
2° La Solution du Devoir.
3° La Dictée

enfin tout ce qui est nécessaire au professeur pour pouvoir effectuer les corrections rapidement et sans perte de temps.

Bien que ce premier volume ne contienne des *Chants avec paroles* qu'à une seule voix, on trouvera, aux leçons 31, 78, 79, 80, de petits *canons* enfantins. Ces canons sont une excellente préparation aux chants avec paroles à plusieurs voix qui figureront dans le deuxième volume.

On doit les étudier ainsi : d'abord tous les élèves réunis, chantant à l'unisson ; ensuite en divisant les élèves en deux groupes, ce qui fournit un canon à deux parties ; enfin en les divisant en quatre groupes, et en répétant le *Canon perpétuel* jusqu'à ce que l'exécution en soit satisfaisante.

La plupart des leçons de solfège sont empruntées aux Solfèges des Solfèges ou à des Recueils de Chants populaires.

Les noms d'auteurs sont indiqués par les initiales suivantes :

Henry Lemoine	H. L.	Gustave Carulli	G. C.
Rodolphe	Rod. ou R.	R. Schumann	R. S.
Boëly	B.	Wohlfahrt	W.
Gossec	G.	J.-B. Duvernoy	D.

D'autres ont été écrites spécialement par mon ancien élève M. Jean Gallon (J.-G), qui m'a également aidé dans le classement général de l'ouvrage.

Enfin, toutes les fois qu'il a été nécessaire, en raison de la destination scolaire de l'ouvrage, que les paroles soient remaniées ou entièrement refaites, ce travail a été confié à M. Paul Géraldy, qu'indiquent les initiales P. G.

Je leur adresse ici tous mes remerciements.

A. L.

PREMIÈRE LEÇON

THÉORIE

§ 1. La **musique** est l'art de produire des **sons** dans des conditions agréables pour l'oreille ou intéressantes pour l'esprit[a].

§ 2. Les **sons** produits par la **voix** constituent la **musique vocale**; les **sons** produits par des **instruments de musique** constituent la **musique instrumentale**.

§ 3. Les signes qui représentent les sons s'appellent **notes**. Il y a sept notes : **ut** ou **do, ré, mi, fa, sol, la** [b], **si** [c].

§ 4. On écrit les notes sur cinq lignes horizontales et entre ces lignes.

§ 5. La réunion de ces cinq lignes se nomme **portée**, et les espaces compris entre ces lignes, se nomment **interlignes**.

§ 6. Les lignes et les interlignes se comptent de bas en haut.

QUESTIONNAIRE

1. Qu'est-ce que la musique? — 2. Comment produit-on les sons musicaux? — 3. Qu'est-ce que la musique vocale? — 4. Qu'est-ce que la musique instrumentale? — 5. Par quoi représente-t-on les sons? — 6. Combien y a-t-il de notes et quelles sont-elles? — 7. Qu'est-ce que la portée? — 8. Comment s'appellent les espaces compris entre les lignes de la portée? — 9. Combien y a-t-il d'interlignes? — 10. De quelle manière compte-t-on les lignes et les interlignes?

ÉLÉMENTS DE CALLIGRAPHIE MUSICALE

Il est nécessaire que l'élève s'habitue dès les premiers jours à tracer correctement et clairement les signes qui composent l'écriture musicale, et dont il aura à se servir.

(a) Autres définitions classiques :

« La musique est l'art de combiner les sons d'une manière agréable à l'oreille. »
(J.-J. Rousseau.)

« La musique est l'art d'émouvoir, par les sons, les hommes intelligents et doués d'une organisation spéciale. » (Berlioz.)

« La musique est l'art de combiner les sons. » (Aug. Savard.)

(b) Les noms des six premières notes, **ut, ré, mi, fa, sol, la,** sont tirés de la première strophe de l'hymne de Saint-Jean-Baptiste, à laquelle on a emprunté la première syllabe de chaque vers : **Ut** *queant laxis* **Re***sonare fibris* **Mi***ra gestorum* **Fa***muli tuorum*, **Sol***ve polluti* **La***bii reatum*.

(c) Le **si** est formé des deux initiales de Saint-Jean (**S***ancte* **I***ohannes*).

Depuis plus de deux siècles, on a adopté, dans l'étude du solfège, à la place de la syllabe *ut*, la syllabe *do*, plus facile à prononcer.

Pour la première leçon, on lui demandera simplement de reproduire une portée, et d'en numéroter les lignes; ainsi :

_______________ 5
_______________ 4
_______________ 3
_______________ 2
_______________ 1

Dès la deuxième leçon, il devra se munir de papier réglé spécialement pour la musique.

DEUXIÈME LEÇON

PORTEE

§ 1. Au commencement de la portée, on met un signe appelé **Clef**, généralement précédé d'une double barre verticale ou d'une accolade.

§ 2. Il y a trois sortes de clefs ;

La clef de **Sol** 𝄞. — La clef de **Fa** 𝄢. — La clef d'**Ut** 𝄡 [a]

LES CLEFS

§ 3. La clef se place sur une ligne de la portée, et toutes les notes écrites sur cette même ligne prennent le nom de la clef.

§ 4. Chaque clef porte le nom d'une note différente, et fait connaître par relation la place des autres notes échelonnées sur la portée selon l'ordre naturel de leur succession.

QUESTIONNAIRE

11. Qu'est-ce qu'une clef? — 12. Combien y a-t-il de clefs? — 13. Quelles sont-elles? — 14. Comment connait-on la place des notes?

EXERCICES D'ÉCRITURE

On se sert pour écrire la musique de plumes ordinaires, mais de préférence à pointes un peu grosses, et en les tenant de côté, à peu près comme pour l'écriture en ronde.

Copier fidèlement, comme on le ferait pour un dessin, les formes de clefs suivantes, en ayant soin de les placer sur la portée exactement comme elles le sont sur le modèle [b].

(a) Autrefois les notes se nommaient par les sept premières lettres de l'alphabet, et on les nomme encore ainsi en Allemagne et en Angleterre :

A	B	C	D	E	F	G
la	*si*	*do*	*ré*	*mi*	*fa*	*sol*

Les trois clefs d'**ut**, de **fa** et de **sol**, ne sont autres que les trois lettres C, F et G, progressivement déformées par la main des copistes et devenues :

𝄡 (C), 𝄢 (F) et 𝄞 (G).

(b) Bien que l'élève n'ait pas, pour le moment, à s'occuper de toutes ces clefs, il est bon qu'il en connaisse l'existence et la forme.

TROISIÈME LEÇON

§ 1. La clef la plus usitée est la **clef de sol,** [a] qui se place sur la deuxième ligne de la portée.

§ 2. Dans la clef de sol, le **sol** étant sur la deuxième ligne, le **la** se trouve donc immédiatement au-dessus, dans le deuxième interligne ; de même, le **fa** se trouve immédiatement au-dessous du **sol**, dans le premier interligne.

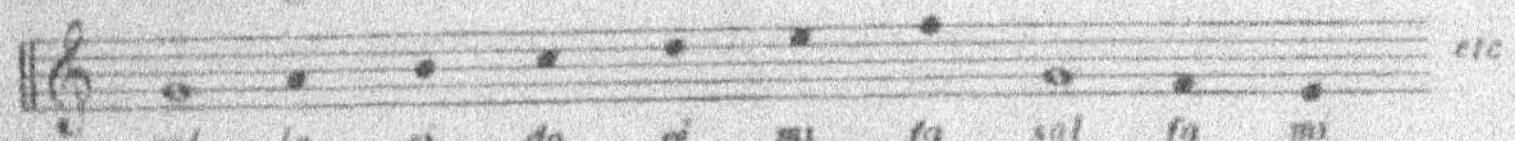

§ 3. Quand la portée ne suffit pas, on emploie de petites lignes nommées **Lignes supplémentaires,** que l'on place au-dessus ou au-dessous de la portée, selon le besoin [b].

§ 4. Il y a pourtant deux notes que l'on écrit en dehors de la portée, sans le secours de lignes supplémentaires.

La note placée au-dessous de **ré,** sur la première ligne supplémentaire inférieure est **do** ; la note placée au-dessus de **sol** sur la première ligne supplémentaire supérieure est **la**

QUESTIONNAIRE

15. Quelle est la clef la plus usitée ? — 16. Sur quelle ligne se place la clef de sol ? — 17. Dans la clef de sol, où se place la note la ? — 18. Dans cette même clef, où se place la note fa ? — 19. Que fait-on quand la portée ne suffit pas ? — 20. Où place-t-on les lignes supplémentaires ? — 21. Quelles sont les deux notes en dehors de la portée qui s'écrivent sans lignes supplémentaires ? — 22. Comment s'appelle la note placée sur la première ligne supplémentaire inférieure ? — 23. Quelle est la note placée sur la première ligne supplémentaire supérieure ? 24. Quelle est la note placée sur la première ligne ? — 25. Quelle est la note placée sur la troisième ligne ? — 26. Quelle est la note placée sur la quatrième ligne ? — 27. Quelle est la note placée sur la cinquième ligne ?

(a) Les principaux instruments qui emploient la clef de **sol** sont : le **piano**, l'**orgue** et la **harpe** (sons aigus), le **violon,** la **flûte**, le **hautbois,** la **clarinette,** le **cor,** la **trompette,** le **cornet à piston**, etc.....

(b) Ces lignes, qui constituent une extension de la portée, s'appellent aussi *lignes additionnelles*.

EXERCICES D'ECRITURE

Une **ronde** *doit s'écrire, non pas d'un seul trait comme un zéro* (o), *mais en deux mouvements, dont le premier tracé la partie supérieure, et le deuxième la partie inférieure de la note.*

L'exemple suivant montre la décomposition de ces deux mouvements de la plume, puis le résultat de leur réunion.

Quand il y a lieu d'employer une ligne supplémentaire, soit au milieu de la note, soit au-dessus ou au-dessous, elle donne lieu à un troisième mouvement, qui doit se faire en dernier, et en employant le plein de la plume, sans toutefois exagérer son épaisseur.

1er EXERCICE *(solfier les notes suivantes :)* (c)

Solfier, c'est chanter en nommant les notes.

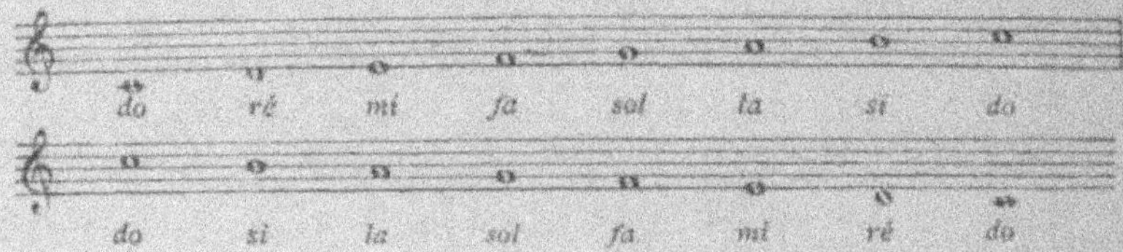

2e EXERCICE *(sans solfier)*

Lire et nommer les notes seulement.

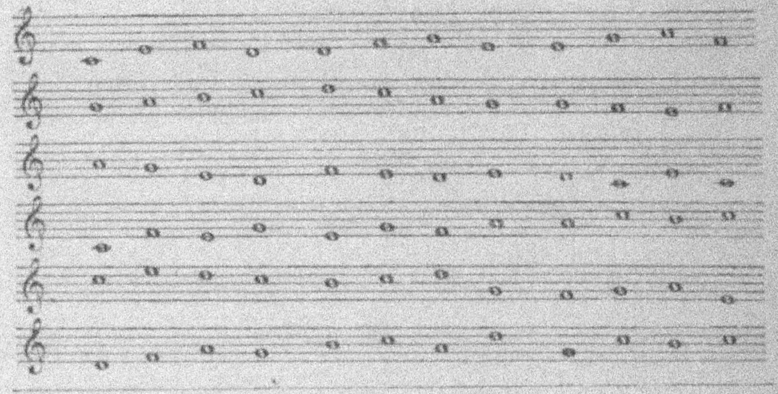

(c) On verra plus loin que ces notes constituent la Gamme d'Ut.

QUATRIÈME LEÇON

§ 1. La **durée** plus ou moins longue des sons est indiquée par la forme que l'on donne aux notes.

§ 2. Les notes représentent donc, par leur position sur la portée, des sons différents, et, par leur forme, des durées différentes[a].

§ 3. Il y a **sept figures de notes,** qui sont :

La ronde . . . . 𝅝
La blanche . . . . 𝅗𝅥
La noire . . . . ♩
La croche . . . . ♪
La double-croche . . . . 𝅘𝅥𝅯
La triple-croche . . . . 𝅘𝅥𝅰
La quadruple-croche . . . . 𝅘𝅥𝅱

§ 4. Chaque figure de note vaut deux fois la suivante :

La ronde . . . . . 𝅝 vaut deux blanches . . . . . . 𝅗𝅥 𝅗𝅥
La blanche . . . . 𝅗𝅥 vaut deux noires . . . . ♩ ♩
La noire . . . . . ♩ vaut deux croches . . . . ♪ ♪
La croche . . . . . ♪ vaut deux doubles-croches . . 𝅘𝅥𝅯 𝅘𝅥𝅯
La double-croche. 𝅘𝅥𝅯 vaut deux triples-croches . . . 𝅘𝅥𝅰 𝅘𝅥𝅰
La triple-croche . 𝅘𝅥𝅰 vaut deux quadruples-croches 𝅘𝅥𝅱 𝅘𝅥𝅱

Par conséquent, la 𝅝 vaut 2 𝅗𝅥, ou 4 ♩, ou 8 ♪, ou 16 𝅘𝅥𝅯, ou 32 𝅘𝅥𝅰, ou 64 𝅘𝅥𝅱
la 𝅗𝅥 vaut 2 ♩, ou 4 ♪, ou 8 𝅘𝅥𝅯, ou 16 𝅘𝅥𝅰, ou 32 𝅘𝅥𝅱
la ♩ vaut 2 ♪, ou 4 𝅘𝅥𝅯, ou 8 𝅘𝅥𝅰, ou 16 𝅘𝅥𝅱
la ♪ vaut 2 𝅘𝅥𝅯, ou 4 𝅘𝅥𝅰, ou 8 𝅘𝅥𝅱
la 𝅘𝅥𝅯 vaut 2 𝅘𝅥𝅰, ou 4 𝅘𝅥𝅱
la 𝅘𝅥𝅰 vaut 2 𝅘𝅥𝅱

§ 5. Quand on a plusieurs croches ♪♪♪♪, doubles-croches 𝅘𝅥𝅯𝅘𝅥𝅯𝅘𝅥𝅯𝅘𝅥𝅯, triples-croches 𝅘𝅥𝅰𝅘𝅥𝅰𝅘𝅥𝅰𝅘𝅥𝅰 ou quadruples croches 𝅘𝅥𝅱𝅘𝅥𝅱𝅘𝅥𝅱𝅘𝅥𝅱 successives, il est plus simple de remplacer les crochets par une, deux, trois ou quatre

(a) Il est bon d'admirer l'ingéniosité de ce système d'écriture, qui indique, au moyen d'un seul signe deux choses aussi différentes que la hauteur du son et le temps qu'il dure.

grosses barres, selon qu'on a des croches, des doubles-croches, des triples-croches ou des quadruples-croches.

§ 6. Les queues des notes peuvent être tournées indifféremment en haut ou en bas [b].

TABLEAU DES VALEURS RELATIVES DES NOTES

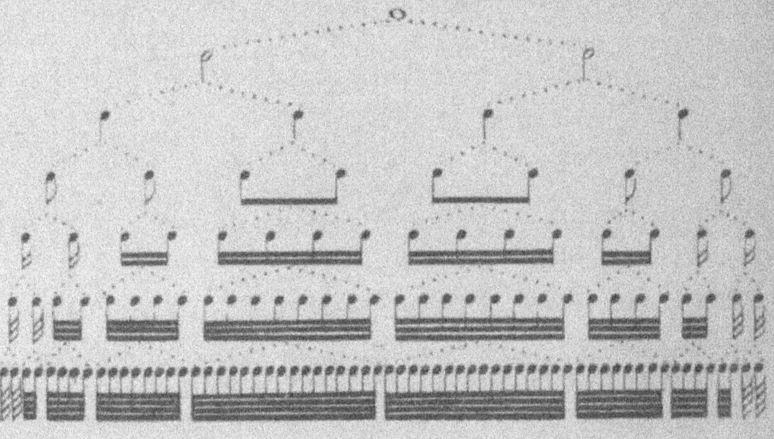

(b) Toutefois, il est d'usage de placer la queue en haut quand la note est dans la partie basse de la portée, et en bas quand la note est dans la partie haute :

— Sur la ligne du milieu, cela devient indifférent.

Il en est de même quand plusieurs notes sont réunies par des barres :

cela rend l'écriture plus claire et plus élégante.

QUESTIONNAIRE

28. Comment indique-t-on la durée des sons? — 29. Par leur position sur la portée, qu'indiquent les notes? — 30. Par leur forme, qu'indiquent-elles? — 31. Combien y a-t-il de figures de notes? — 32. Quelles sont-elles? — 33. Combien la ronde vaut-elle de blanches? — 34. Combien la blanche vaut-elle de noires? — 35. Combien la noire vaut-elle de croches? — 36. Combien la croche vaut-elle de doubles-croches? — 37. Combien la double-croche vaut-elle de triples-croches? — 38. Combien la triple-croche vaut-elle de quadruples-croches? — 39. Combien faut-il de noires pour faire une ronde? — 40. Combien faut-il de croches pour faire une ronde?

DEVOIR

Sur du papier à musique, écrivez les notes suivantes en clef de sol :

1re PORTÉE : *Do, mi, sol, do, ré, fa, la, ré, mi, sol, la, do*
2e PORTÉE : *Sol, fa, ré, mi, si, ré, la, sol, do, mi, la, ré* } **en rondes.**
3e PORTÉE : *Mi, fa, sol, ré, la, mi, fa, do, sol, la, fa, si*

EXERCICE *(dire le nom des notes sans solfier)*

AUTRES EXERCICES *(à solfier)*

(Respirer après chaque virgule)

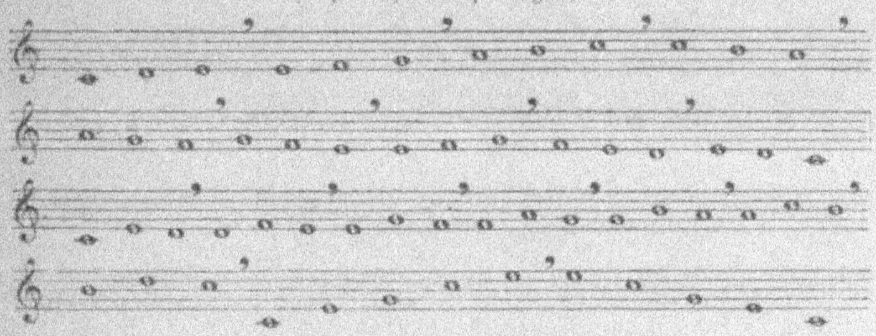

EXERCICES D'ÉCRITURE

La **blanche** *se fait comme la ronde, en deux mouvements, mais avec cette différence que l'on doit commencer tantôt par la partie supérieure, et tantôt par la partie inférieure, selon la direction que l'on veut donner à la queue de la note.*

Ces deux mouvements se décomposent ainsi :

Quand la note à écrire est située dans la partie basse de la portée, on doit diriger la queue vers le haut.

Quand la note à écrire est située dans la partie haute de la portée, on doit diriger la queue vers le bas.

La queue de la note doit toujours être tracée finement et parfaitement verticale.

Il est d'usage, dans l'écriture musicale **à la main,** *de toujours placer cette queue à la droite de la note, contrairement à ce qui a lieu dans la musique gravée.*

Donc, en observant les principes ci-dessus, la queue se trouve toujours être le simple prolongement du deuxième mouvement de la plume.

Comme pour les rondes, lorsqu'il y a lieu d'employer une ligne supplémentaire, un troisième mouvement est nécessaire, avec le plein de la plume, mais en appuyant modérément, pour ne pas faire cette ligne plus grosse que celles de la portée imprimée.

Les **noires** *doivent s'écrire, non en tournant comme font les novices* [c], *mais en écrasant avec souplesse la plume pour former la tête de la note, et en continuant légèrement quoique avec fermeté pour tracer la queue, le tout d'un seul coup, et* **sans que la plume quitte le papier.**

(La tête de la note doit rester ronde, et il n'y a pas lieu de chercher à lui donner la forme ovale et inclinée qu'elle a dans la musique gravée.)

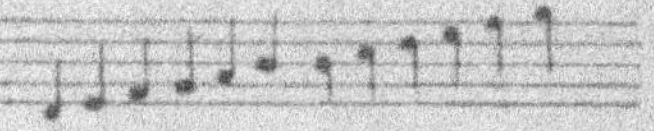

Comme toujours (et nous ne le répéterons plus), les lignes supplémentaires doivent être ajoutées en dernier, et avec le plein.

(c) Cela ne doit se faire qu'en écrivant au crayon.

CINQUIÈME LEÇON

§ 1. Tous les morceaux de musique se divisent en parties d'égale durée, et chacune de ces divisions est appelée **mesure.**

§ 2. Chaque mesure est séparée de la suivante par une ligne verticale nommée **barre de mesure.**

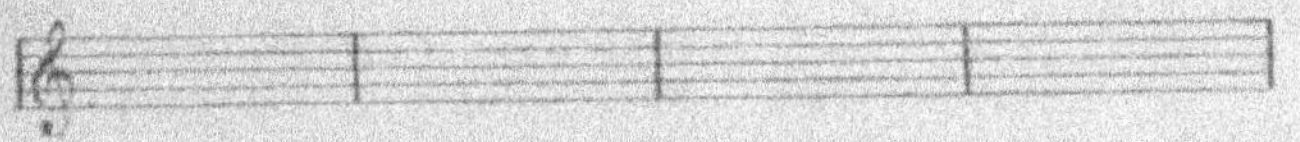

§ 3. Il y a des mesures à **deux temps**, à **trois temps** et à **quatre temps.**

§ 4. Ces différentes mesures sont indiquées par deux **chiffres** (sous forme de fraction) placés au commencement de la première portée[a].

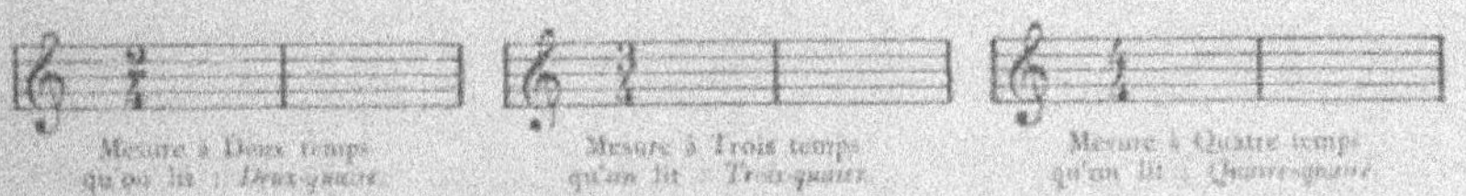

Mesure à Deux temps qu'on lit : *Deux-quatre* — Mesure à Trois temps qu'on lit : *Trois-quatre* — Mesure à Quatre temps qu'on lit : *Quatre-quatre*

§ 5. La **ronde** a été prise pour unité de valeur : on la représente par le chiffre **1**.

La **blanche** qui est contenue deux fois dans la ronde est représentée par le chiffre **2**.

La **noire** qui est contenue quatre fois dans la ronde est représentée par le chiffre **4**.

La **croche** qui est contenue huit fois dans la ronde est représentée par le chiffre **8**.

QUESTIONNAIRE

41. Comment divise-t-on les morceaux de musique et comment s'appelle chacune de ces divisions ? — 42. Comment sépare-t-on les mesures entre elles ? — 43. Combien y a-t-il de mesures et quelles sont-elles ? — 44. Comment indique-t-on ces différentes mesures ? — 45. Où place-t-on les deux chiffres indicateurs de la mesure ? — 46. Par quel chiffre représente-t-on la ronde ? — 47. Par quel chiffre représente-t-on la blanche ? 48. Par quel chiffre représente-t-on la noire ? — 49. Par quel chiffre représente-t-on la croche ? — 50. Combien la ronde vaut-elle de doubles-croches ? — 51. Combien la ronde vaut-elle de quadruples-croches ? — 52. Combien la blanche vaut-elle de croches ?

DEVOIR

Écrivez les notes suivantes en clef de sol.

1re portée : *do, mi, sol, fa, la, ré, si, sol, mi, ré, do* en **blanches.**

2e portée : *ré, sol, fa, si, mi, la, do, fa, la, sol, do, mi* en **noires.**

(a) Parfois on supprime le dénominateur, et on écrit simplement : **2, 3, 4.**

EXERCICE (dire les notes sans solfier)

EXERCICE (à solfier)

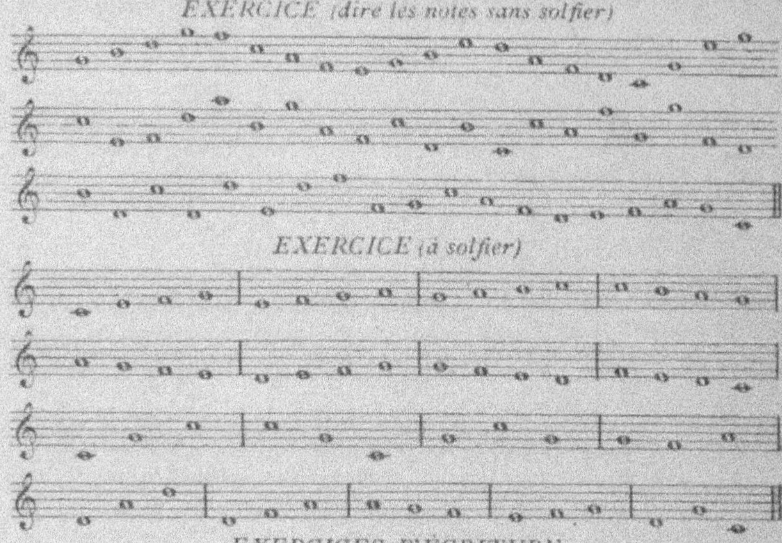

EXERCICES D'ÉCRITURE

Les **croches** *aussi se font d'un seul trait, sans que la plume quitte le papier; comme pour les noires, on l'écrase d'abord pour obtenir la tête de la note, puis sans la soulever, on dessine la queue et le crochet qui la termine, en le dirigeant toujours vers la droite.*

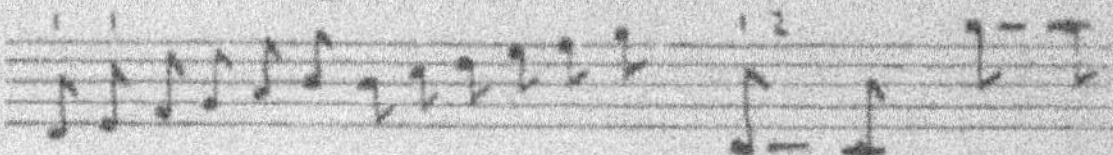

Pour les **doubles, triples** *et* **quadruples-croches,** *on ajoute ensuite le nombre de crochets nécessaire, au-dessus du premier si la queue est en bas, au-dessous si elle est en haut.*

Pour écrire une note en dehors de la portée, en quadruple croche, cinq mouvements sont donc nécessaires, qui se décomposent ainsi :

(C'est la plus grande somme de mouvements que puisse exiger l'écriture d'une note.)

SIXIÈME LEÇON

§ 1. Il y a deux sortes de mesures : les mesures simples et les mesures composées.

Pour l'instant, nous ne parlerons que des **mesures simples.**

§ 2. Dans celles-ci, le chiffre du haut (*numérateur*) indique le nombre de temps.

$\frac{2}{}$ 2 temps. $\frac{3}{}$ 3 temps. $\frac{4}{}$ 4 temps.

§ 3. Le chiffre d'en bas (*dénominateur*) indique la figure de note qui remplit un de ces temps selon le tableau ci-dessous :

$\frac{}{1}$ indique la **ronde**.

$\frac{}{2}$ indique la **blanche**.

$\frac{}{4}$ indique la **noire**.

$\frac{}{8}$ indique la **croche,** etc.

§ 4. Les fractions $\frac{2}{4}$ $\frac{3}{4}$ $\frac{4}{4}$, qui sont les plus usitées, veulent dire :

$\frac{2}{4}$ mesure à 2 temps dont chaque temps contient une noire

$\frac{3}{4}$ mesure à 3 temps dont chaque temps contient une noire

$\frac{4}{4}$ mesure à 4 temps dont chaque temps contient une noire

§ 5. La mesure $\frac{4}{4}$ s'indique généralement par la lettre **C**.

Les mesures $\frac{2}{4}$ $\frac{3}{4}$ $\frac{4}{4}$ sont les plus employées [a].

QUESTIONNAIRE

53. Combien y a-t-il de sortes de mesures et quelles sont-elles ? — 54. Dans les mesures simples, qu'indique le numérateur ? — 55. Qu'indique le dénominateur ? — 56. Quelles sont les fractions les plus usitées ? — 57. Que veut dire la fraction $\frac{2}{4}$? — 58. Que veut dire la fraction $\frac{3}{4}$? — 59. Que veut dire la fraction $\frac{4}{4}$? — 60. Par quelle lettre indique-t-on généralement la mesure $\frac{4}{4}$? — 61. Combien la mesure $\frac{3}{4}$ contient-elle de noires ? — 62. Combien la mesure $\frac{4}{4}$ contient-elle de noires ?

(*a*) On peut lire ces fractions à la manière ordinaire : deux quarts, trois quarts, quatre quarts; effectivement elles signifient : deux quarts de ronde pour la mesure entière, trois quarts de ronde...... etc...

Toutefois l'usage est de les énoncer ainsi : *deusse*-quatre, *troisse*-quatre (en prononçant l'*x* et l'*s*), quatre-quatre.

EXERCICE (à solfier)

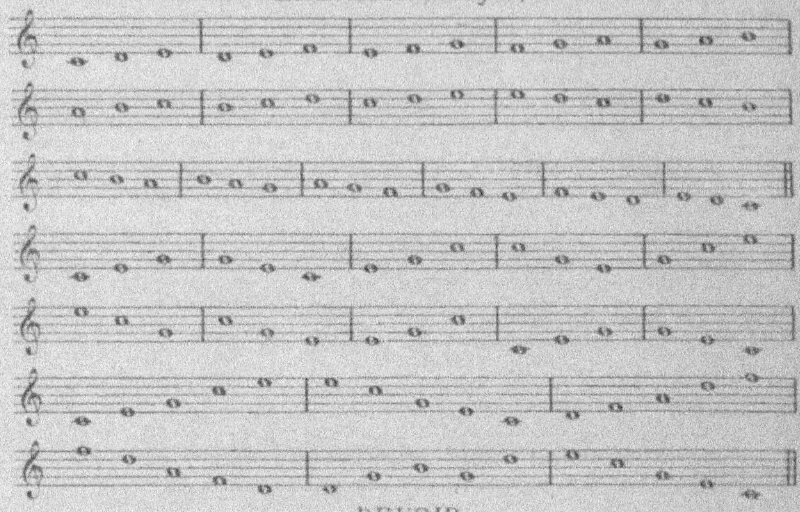

DEVOIR

Ecrivez les notes suivantes en clef de sol, avec leurs noms et les valeurs demandées.

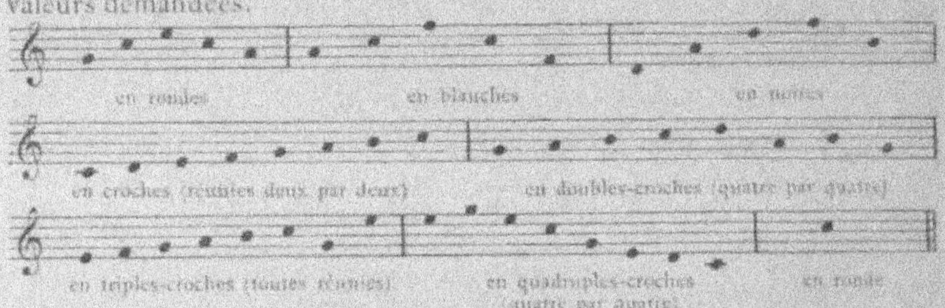

EXERCICES D'ECRITURE

Pour les **croches, double-croches, triple-croches,** *et* **quadruple-croches réunies,** *on procède comme s'il s'agissait d'écrire des noires.*

Puis on ajoute les barres, qu'il ne faut pas craindre de faire grosses, afin qu'elles ne se confondent pas avec les lignes de la portée.

Les **barres de mesure**, *au contraire, doivent toujours être fines, parfaitement verticales, et traverser entièrement la portée.*

SEPTIÈME LEÇON

§ 1. Toutes les mesures d'un même morceau contiennent une somme de valeurs égales, soit qu'elles renferment des rondes, des blanches, des noires, des croches, des doubles-croches, des triples-croches ou des quadruples-croches.

§ 2. On appelle **unité de mesure** la valeur de note qui représente à elle seule la mesure entière.

§ 3. On appelle **unité de temps** la valeur de note qui représente un temps de la mesure.

§ 4. Dans la mesure $\frac{4}{4}$, il y a **quatre noires** dont chacune représente un temps; donc, l'**unité de temps** est la **noire**, et l'**unité de mesure** est la **ronde** qui vaut **quatre noires**.

§ 5. Chaque temps de ces mesures est divisible par deux; il en est de même pour les fractions de temps. Exemple :

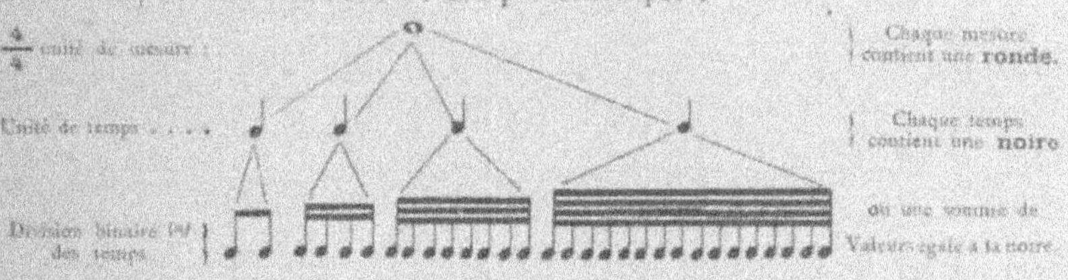

§ 6. Ces temps sont appelés **temps simples** ou **temps binaires** (a)

(a) Binaire veut dire : divisible par deux.

Ce qui caractérise une mesure simple, c'est donc la division binaire de chacun de ses temps, quel qu'en soit d'ailleurs le nombre.

QUESTIONNAIRE

63. Qu'appelle-t-on unité de mesure ? — 64. Qu'appelle-t-on unité de temps ? — 65. Dans la mesure $\frac{4}{4}$, quelle est l'unité de temps ? — 66. Dans cette même mesure, quelle est l'unité de mesure ? — 67. Comment appelle-t-on les temps divisibles par deux ? — 68. Combien faut-il de croches pour remplir un temps de la mesure $\frac{2}{4}$? — 69. Combien faut-il de doubles-croches pour remplir un temps de la mesure $\frac{3}{4}$? — 70. Combien faut-il de croches pour remplir la mesure $\frac{4}{4}$?

DEVOIR

Sur deux portées que vous diviserez par quatre barres de mesure, inscrivez la **clef de sol,** indiquez la mesure **deux-quatre** et représentez, sur la note **sol,** les valeurs des notes remplissant les mesures ci-dessous :

1re PORTÉE
- Première mesure : écrivez une seule note.
- Deuxième mesure : » deux notes.
- Troisième mesure : » trois notes (*dont une pour le premier temps*).
- Quatrième mesure : » quatre notes (*deux par temps*).

2me PORTÉE
- Première mesure : » cinq notes (*dont une pour le premier temps*).
- Deuxième mesure : » six notes (*dont deux pour le deuxième temps*).
- Troisième mesure : » huit notes (*quatre par temps*).
- Quatrième mesure : » une note.

EXERCICE (à solfier)

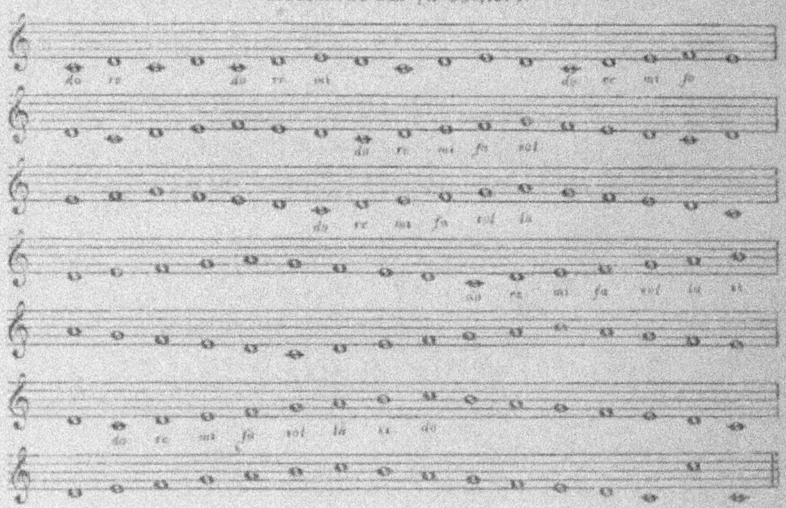

EXERCICES D'ÉCRITURE

Les **chiffres indicateurs**, *pas trop gros mais bien visibles, doivent être placés exactement l'un sous l'autre, la petite barre qui les sépare occupant la ligne du milieu de la portée.*

On peut aussi présenter la fraction en diagonale.

S'exercer en outre à reproduire exactement les abréviations ci-dessous, qui indiquent les mesures à $\frac{4}{4}$ *et* $\frac{2}{2}$

(Le **C** *exige deux mouvements).*
(Le **₵** *en demande trois).*

HUITIÈME LEÇON

§ 1. Un morceau de musique ne peut être chanté tout d'une haleine : on a adopté sept signes pour indiquer les **repos** ou **silences**. (a)

§ 2. Ces silences correspondent aux sept valeurs de notes.

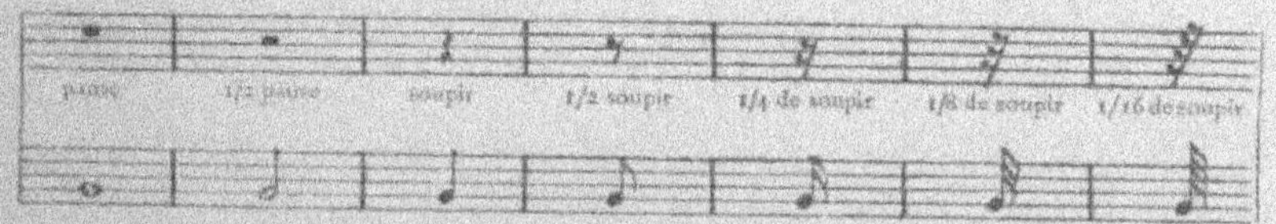

§ 3. La **pause** se place toujours au-dessous de la quatrième ligne et la **demi-pause** au-dessus de la troisième ligne.

§ 4. Les autres **silences** se placent généralement vers le milieu de de la portée.

QUESTIONNAIRE

71. Quel est le silence équivalant à la ronde ? — 72. Quel est le silence équivalant à la blanche ? — 73. Quel est le silence équivalant à la noire ? — 74. Quel est le silence équivalant à la croche ? — 75. Quel est le silence équivalant à la double-croche ? — 76. Quel est le silence équivalant à la triple-croche ? — 77. Quel est le silence équivalant à la quadruple-croche ? — 78. Où se place la pause ? — 79. Où se place la demi-pause ? — 80. Où se placent les autres silences ?

(a) Tout silence indique une respiration, qui doit être prise amplement et franchement.

Lorsque, dans un morceau, les silences sont trop disséminés pour suffire aux besoins de la respiration, le chanteur doit choisir lui-même les endroits les plus convenables pour renouveler sa provision de souffle, au moyen de demi-respirations qu'il convient de faire sentir le moins possible. Quelquefois l'auteur indique la place de ces demi-respirations au moyen d'une virgule.

DEVOIR

Complétez les mesures ci-dessous de la façon indiquée.

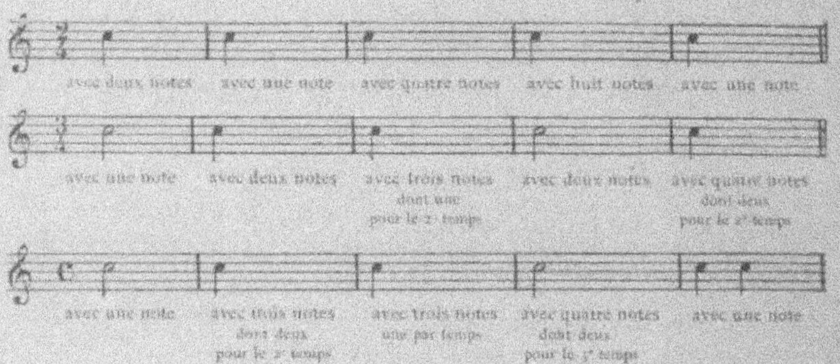

EXERCICES (*à solfier*)

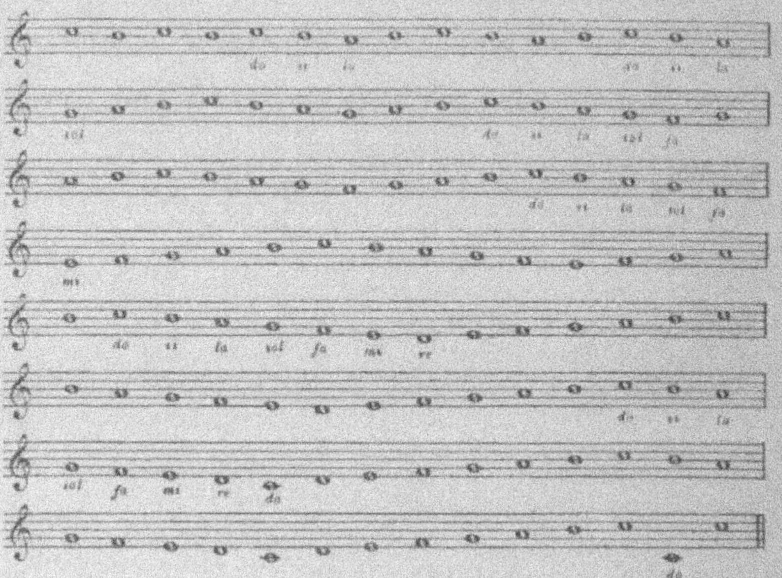

EXERCICES D'ÉCRITURE

La **pause** *doit toujours être placée au-dessous de la 4me ligne, et la* **demi-pause** *au-dessus de la 3me. On les fait du plein de la plume.*

La forme ordinaire du **soupir,** *dans la musique manuscrite, est celle-ci, qu'on écrit, naturellement, en commençant par la gauche et par en bas.*

Le **demi-soupir** *se fait ainsi, comme une grande virgule, en commençant par le haut.*

(Ces deux derniers signes doivent toujours occuper le milieu de la portée).

Pour les **quarts, huitièmes** *et* **seizièmes** *de* **soupir,** *on commence par dessiner un demi-soupir; auquel on ajoute ensuite le nombre de crochets nécessaire, comme nous l'avons déjà vu (5e leçon) pour les doubles, triples et quadruples croches.*

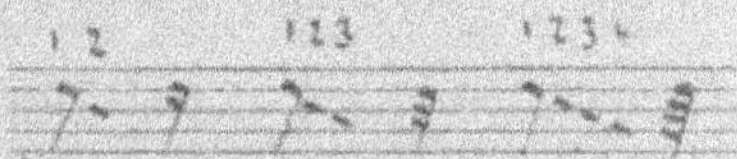

— Nous reprendrons ces exercices de calligraphie musicale à la 19me leçon. D'ici là, l'élève devra s'exercer à reproduire fidèlement les signes qui précèdent, les seuls qu'il ait occasion d'employer dans ses devoirs. —

NEUVIÈME LEÇON

§ 1. Toutes les mesures d'un même morceau sont égales entre elles. Elles se composent de notes, ou de notes et de silences; mais il faut que la somme de ces valeurs soit toujours la même dans chaque mesure.

§ 2. La **pause** (silence de la ronde), a une deuxième signification : elle représente le silence d'une mesure entière (a). Ex. :

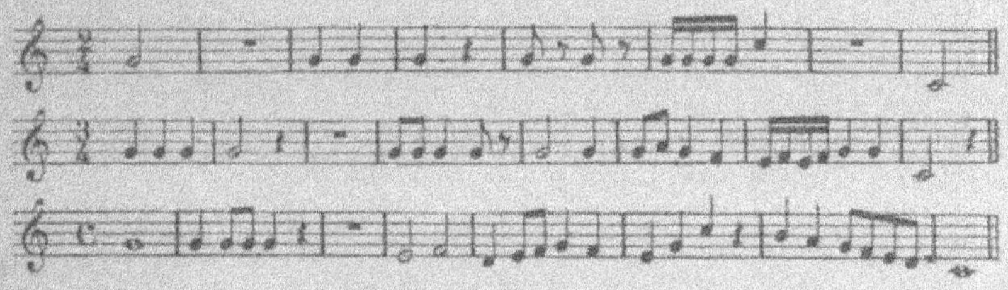

QUESTIONNAIRE

81. Quel est le silence qui peut remplacer une mesure entière? — 82. Combien faut-il de soupirs pour produire la valeur d'une pause? — 83. Combien faut-il de demi-soupirs pour produire la valeur d'une pause? — 84. Combien la pause vaut-elle de quarts de soupir? — 85. Combien la demi-pause vaut-elle de soupirs? — 86. Quel est le silence

(a) Ce deuxième emploi de la pause a pour effet de simplifier l'écriture; il est plus vite fait d'écrire une pause que de tracer deux soupirs, trois soupirs ou quatre soupirs. C'est aussi plus clair pour la lecture.

qui peut remplacer un temps de la mesure $\frac{2}{4}$? — 87. Quel est le silence qui peut remplacer deux temps de la mesure C ? — 88. Quel est le silence qui peut remplacer un temps de la mesure $\frac{3}{4}$? — 89. Quelle est la valeur de note qui égale quatre demi-soupirs ?

DEVOIR

Complétez les mesures ci-dessous de la façon indiquée :

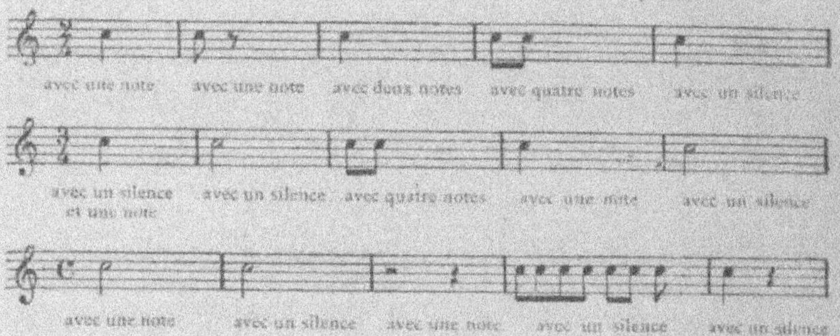

EXERCICE (à solfier)

DIXIÈME LEÇON

MANIÈRE DE BATTRE LA MESURE

§ 1. Il ne faut jamais solfier sans battre la mesure.

La mesure se bat avec la main **droite**, le coude rapproché du corps, sans raideur [a].

§ 2. Le premier temps de chaque mesure se bat toujours **en bas** et le dernier toujours **en haut** [b].

§ 3. Dans toute mesure, le premier temps s'appelle **temps fort** et doit être accentué; le dernier est un **temps faible**.

MESURE A DEUX TEMPS

§ 4. Soit la ligne verticale **A B**.

B

A

1er TEMPS : Vous abaissez la main en *A*.

A

2e TEMPS : Vous levez la main en *B*.

B

(*Exercer l'élève à battre correctement la mesure à 2 temps.*)

§ 5. Dans la mesure à deux temps, le premier temps est fort, le deuxième est faible.

QUESTIONNAIRE

90. Comment bat-on la mesure ? — 91. Comment se bat le premier temps de chaque mesure ? — 92. Comment se bat le dernier temps de chaque mesure ? — 93. Comment s'appelle le premier temps ? — 94. Comment s'appelle le dernier temps ? — 95. Doit-on battre la mesure avec le pied, en chantant ou en solfiant ? — 96. Quel silence peut remplacer la mesure entière $\frac{2}{4}$? — 97. Combien la mesure $\frac{2}{4}$ contient-elle de doubles-croches ? — 98. Combien cette même mesure contient-elle de triples-croches ?

(a) On ne doit jamais battre la mesure avec le pied, en chantant ou en solfiant, comme le tolèrent, à tort, certains professeurs.

(b) Les temps doivent être indiqués avec une certaine fermeté, mais sans secousses, en évitant les grands mouvements qui ébranlent la voix.

DEVOIR

Inscrivez les silences correspondant aux valeurs ci-dessous, en les séparant par une barre de mesure :

RONDE, NOIRE, DOUBLE-CROCHE, QUADRUPLE-CROCHE, CROCHE, BLANCHE, TRIPLE-CROCHE.

Inscrivez les valeurs de notes correspondant aux silences ci-dessous, en les séparant par une barre de mesure :

SEIZIÈME DE SOUPIR, PAUSE, HUITIÈME DE SOUPIR, SOUPIR, QUART DE SOUPIR, DEMI-PAUSE, DEMI-SOUPIR.

Écrivez ces valeurs de notes sur la troisième ligne de la portée.

EXERCICE (en battant la mesure)

ONZIÈME LEÇON

MESURE A TROIS TEMPS

§ 1. Représentez-vous la figure géométrique d'un triangle rectangle[a].

C

A B

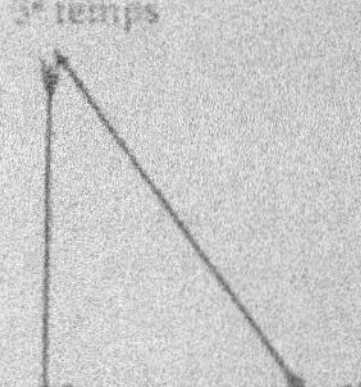

1er TEMPS : Vous abaissez en **A**.
2e TEMPS : Vous portez la main droite de **A** à **B**.
3e TEMPS : Vous relevez la main diagonalement de **B** en **C**.

(Exercer l'élève à battre correctement la mesure à trois temps.)

(a) Quelques-uns battent la mesure à trois temps en décrivant dans l'air la forme d'un triangle équilatéral △ ; mais cela donne moins de fermeté à l'accentuation du 1er temps, sur lequel il est infiniment meilleur que la main retombe verticalement.

§ 2. Dans la mesure à trois temps, le premier temps est **fort** et les deux autres sont **faibles**.

QUESTIONNAIRE

99. Dans la mesure à trois temps, quels sont les temps faibles? — 100. Par quelle figure géométrique représente-t-on la mesure à trois temps? — 101. Combien la mesure $\frac{3}{4}$ contient-elle de croches? — 102. Combien cette même mesure renferme-t-elle de doubles-croches? — 103. Combien un temps de cette mesure renferme-t-il de triples-croches? — 104. Combien faudrait-il de quarts de soupir pour égaler la valeur de la mesure entière $\frac{3}{4}$?

DEVOIR

Complétez les mesures suivantes de la façon indiquée :

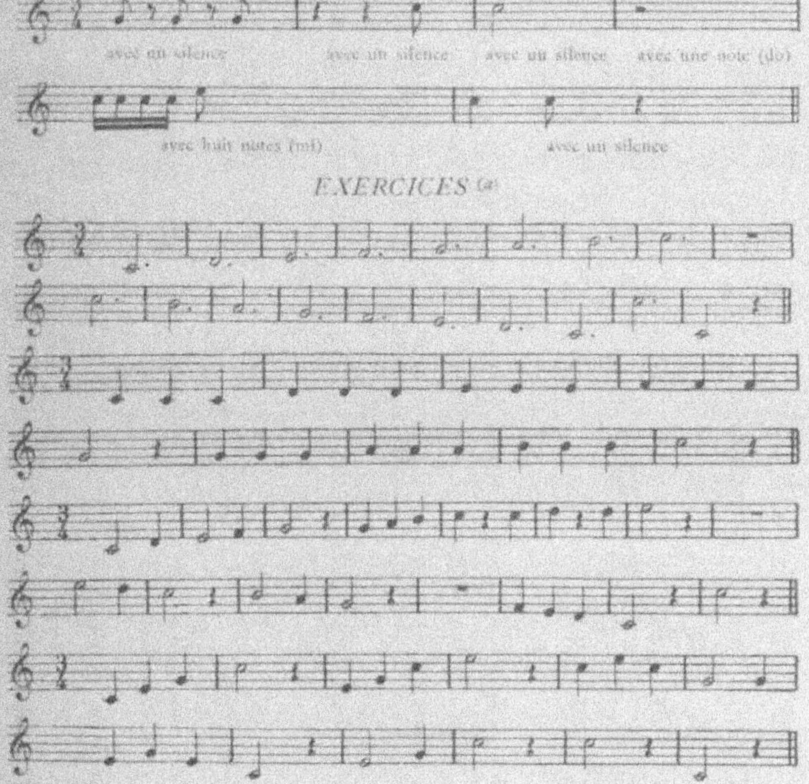

EXERCICES (a)

(a) Sauf indication contraire, tous les Exercices devront dorénavant être solfiés en battant la mesure.

DOUZIÈME LEÇON

MESURE A QUATRE TEMPS

§ 1. Représentez-vous la figure A B C D.

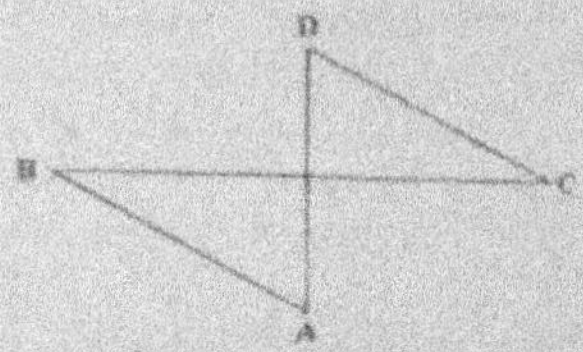

1er TEMPS : Vous abaissez en **A**.
2e TEMPS : Vous portez la main à gauche de **A** à **B**.
3e TEMPS : Vous retournez à droite de **B** à **C**.
4e TEMPS : Vous levez la main de **C** en **D** (a).

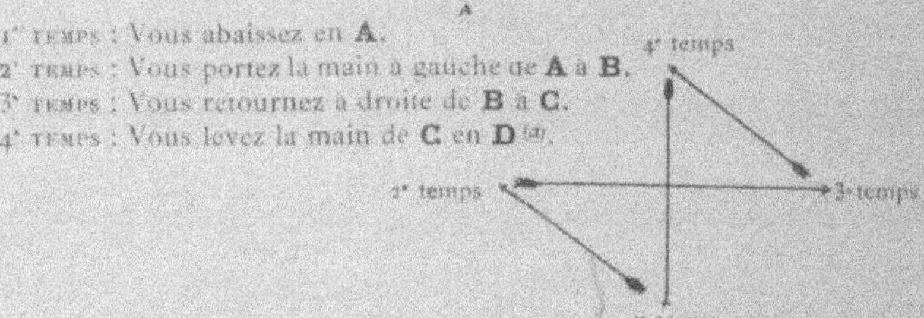

(Exercer l'élève à battre correctement la mesure à 4 temps.)

§ 2. Dans la mesure à quatre temps, le premier temps est **fort,** le deuxième est **faible,** le troisième est **demi-fort,** le quatrième est **faible** (b).

QUESTIONNAIRE

105. Dans la mesure à quatre temps, quel est le temps demi-fort? — 106. Dans cette même mesure, quels sont les temps faibles? — 107. Combien la mesure C contient-elle de croches? — 108. Combien a-t-elle de doubles-croches? — 109. Combien cette même mesure renferme-t-elle de blanches? — 110. Par quel silence, dans cette mesure, représente-t-on un temps? 111. Combien la mesure C peut-elle contenir de quadruples-croches?

DEVOIR

Divisez deux portées par quatre barres de mesure chacune et complétez les mesures ci-dessous par des silences que vous placerez au-dessus des signes *.

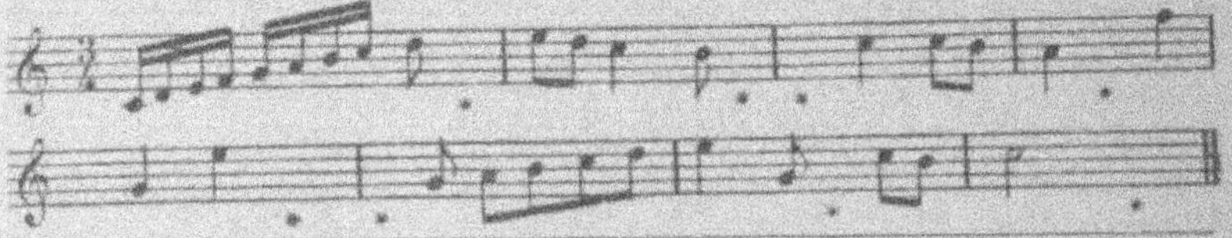

(a) Remarquez que dans toutes les mesures, le premier temps est en bas; le dernier en haut, l'avant-dernier à droite.

(b) Dans le deuxième volume, nous indiquerons la manière de subdiviser les temps en battant la mesure; pour l'instant ce serait inutile, et même nuisible.

EXERCICES

TREIZIÈME LEÇON

LA GAMME

§ 1. **La gamme** est une série de huit notes successives disposées dans l'ordre naturel des sons.

§ 2. La gamme est **ascendante** quand on la commence par sa note la plus grave pour la terminer par la plus aiguë ; elle est **descendante** quand on va du son aigu au son grave.

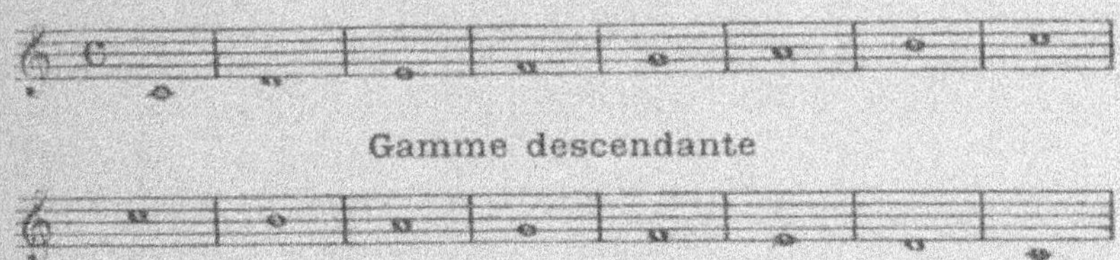

§ 3. Cette *gamme modèle* est appelée **gamme d'ut majeur** ou **gamme majeure de do.**

§ 4. Chacune des notes de la gamme se nomme **degré**. Dans la gamme, il y a huit degrés.

§ 5 Il est à remarquer que le huitième degré n'est que la répétition du premier [a].

QUESTIONNAIRE

112. Qu'appelle-t-on gamme ? — 113. Quand la gamme est-elle ascendante ? — 114. Quand la gamme est-elle descendante ? — 115. Quelle est la gamme modèle ? — 116. Comment s'appelle chacune des notes de la gamme ? — 117. Dans la gamme, combien y a-t-il de degrés ? — 118. Quel est le troisième degré de la gamme modèle ? — 119. Quel est le cinquième degré ? — 120. Quel est le septième degré ? — 121. Quel est le deuxième degré ?

DEVOIR

Complétez les mesures ci-dessous par des valeurs de notes placées au-dessus des signes * avec la note **la.**

Complétez les mesures ci-dessous par des silences.

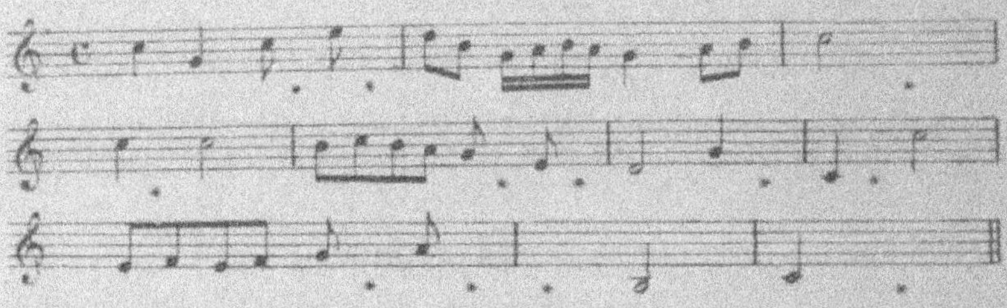

(a) Ce 8me degré sert à son tour de point de départ pour une nouvelle gamme toute pareille à la première, mais plus aiguë ou plus grave.

On se fera de cela une idée très juste en comparant la gamme de **do** à une semaine qui va d'un **dimanche** au **dimanche** suivant, lequel est lui-même le début d'une nouvelle semaine.

do *ré* *mi* *fa* *sol* *la* *si* **do** *ré mi*, etc.
dimanche *lundi* *mardi* *mercredi* *jeudi* *vendredi* *samedi* **dimanche**, etc.

Cette comparaison, malgré son aspect enfantin, est d'autant plus exacte que l'origine de la gamme remonte aux anciens Egyptiens, et que pour leurs philosophes sa base était la même que celle de la semaine.

EXERCICES

QUATORZIÈME LEÇON

LES INTERVALLES

§ 1. On nomme **intervalle** la distance qui sépare deux degrés l'un de l'autre.

§ 2. Entre les notes voisines d'une gamme, les intervalles ne sont pas partout égaux. Les plus grands se nomment **tons,** les plus petits **demi-tons.**

(1) Voir l'explication de ce signe à la 23me leçon.

§ 3. La gamme modèle de **do majeur** se compose de **cinq tons** et deux **demi-tons.**

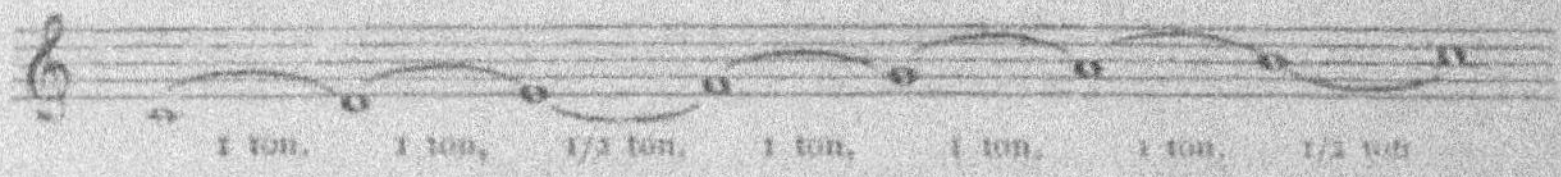

§ 4. Les **cinq tons** sont compris entre

le **1ᵉʳ** et le **2ᵐᵉ** degré : **Do** à **Ré**.
— **2ᵐᵉ** — **3ᵐᵉ** — **Ré** à **Mi**.
— **4ᵐᵉ** — **5ᵐᵉ** — **Fa** à **Sol**.
— **5ᵐᵉ** — **6ᵐᵉ** — **Sol** à **La**.
— **6ᵐᵉ** — **7ᵐᵉ** — **La** à **Si**.

§ 5. Les deux **demi-tons** sont compris entre

le **3ᵐᵉ** et le **4ᵐᵉ** degré : **Mi** à **Fa**.
— **7ᵐᵉ** — **8ᵐᵉ** — **Si** à **Do**.

QUESTIONNAIRE

122. Qu'appelle-t-on intervalle ? — 123. Entre les notes voisines d'une gamme, les intervalles sont-ils égaux ? — 124. Comment se nomme le plus grand intervalle séparant deux notes voisines ? — 125. Comment se nomme le plus petit ? — 126. De combien de tons et de demi-tons se compose la gamme modèle ? — 127. Entre quels degrés sont compris les tons ? — 128. Entre quels degrés sont compris les demi-tons ? — 129. Quel intervalle y a-t-il de Do à Ré ? — 130. Quel intervalle y a-t-il de Fa à Sol ? — 131. Quel intervalle y a-t-il de Sol à La ? — 132. Quel intervalle y a-t-il de Mi à Fa ? — 133. Quel intervalle y a-t-il de Si à Do ?

DEVOIR

Écrivez la gamme majeure de Do, ascendante et descendante :

1ʳᵉ portée : En rondes.
2ᵐᵉ portée : En blanches.
3ᵐᵉ portée : En noires.

EXERCICES

QUINZIÈME LEÇON

INTERVALLES

§ 1. Deux sons de même intonation, placés sur le même degré, sont appelés **unisson.**

etc.

§ 2. L'unisson est donc l'absence complète d'intervalle entre deux sons (a).

§ 3. Deux degrés qui se suivent dans l'ordre de la gamme sont appelés **degrés conjoints.**

etc.

§ 4. Le **demi-ton** est le plus petit intervalle séparant deux degrés conjoints.

§ 5. Le **ton** est le plus grand intervalle qui sépare deux degrés conjoints (b).

QUESTIONNAIRE

134. Qu'appelle-t-on unisson ? — 135. Comment se nomment deux degrés qui se suivent dans l'ordre de la gamme ? — 136. Quel est le plus petit intervalle séparant deux degrés conjoints ? — 137. Quel est le plus grand intervalle séparant deux degrés conjoints ? — 138. Citez un unisson sur le troisième degré de la gamme modèle ? — 139. Citez un unisson sur le sixième degré de la gamme modèle ?

(a) Deux ou plusieurs voix chantant ensemble la même note ou le même ai chantent **à l'unisson.** Il en est de même pour les instruments.

(b) Naturellement, deux degrés conjoints peuvent être ascendants ou descendants.

DEVOIR

Ecrivez l'exercice ci-dessous et numérotez les degrés :

Indiquez les degrés conjoints.

EXERCICES

Allegretto

Moderato

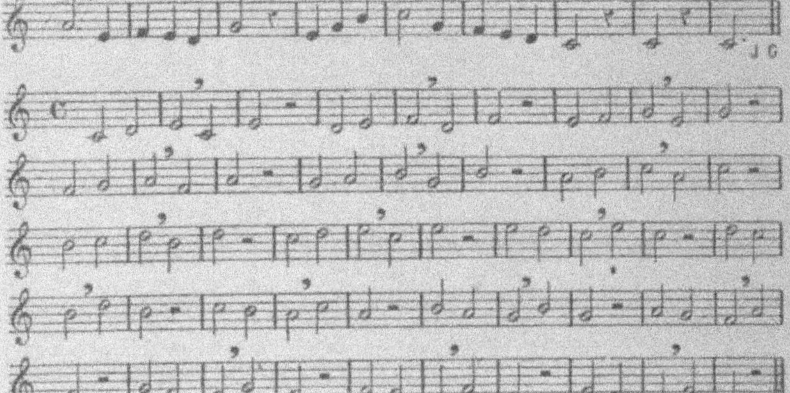

SEIZIÈME LEÇON

INTERVALLES

§ 1. Deux degrés séparés par un ou plusieurs degrés intermédiaires sont appelés **degrés disjoints.**

§ 2. Les divers intervalles sont désignés par des noms exprimant le nombre de degrés conjoints dont ils sont formés. Ainsi :

§ 3. Un intervalle formé de deux degrés conjoints est appelé

Seconde (a)

§ 4. Un intervalle formé de trois degrés conjoints est appelé

Tierce

§ 5. Un intervalle formé de quatre degrés conjoints est appelé

Quarte

§ 6. Un intervalle formé de cinq degrés conjoints est appelé

Quinte

§ 7. Un intervalle formé de six degrés conjoints est appelé

Sixte

§ 8. Un intervalle formé de sept degrés conjoints est appelé

Septième

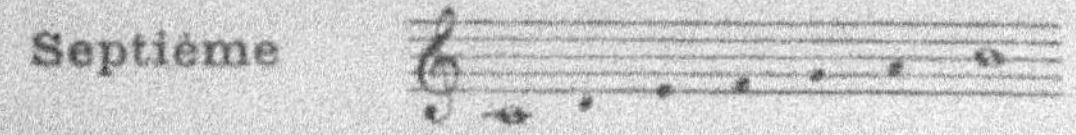

§ 9. Un intervalle formé de huit degrés conjoints est appelé

Octave

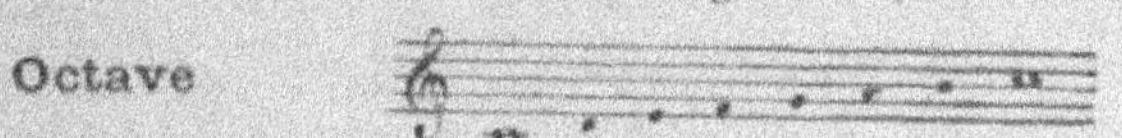

§ 10. Un intervalle formé de neuf degrés conjoints est appelé.

Neuvième

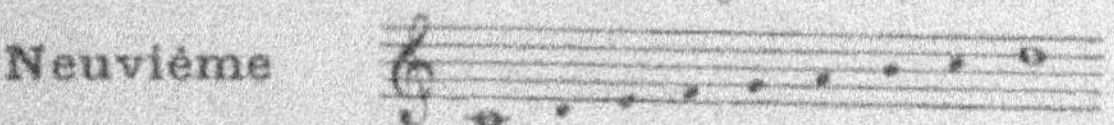

§ 11. En poursuivant, on aurait une dizième, une onzième, etc...

(a) La Seconde est le seul intervalle conjoint, parce que ses deux notes se touchent ; tous les autres, à partir de la Tierce, sont des intervalles disjoints.

QUESTIONNAIRE

140. Comment se nomment deux degrés séparés par un ou plusieurs degrés intermédiaires ? — 141. Comment sont désignés les divers intervalles ? — 142. Comment se nomme un intervalle formé de deux degrés conjoints ? — 143. Comment se nomme un intervalle formé de quatre degrés conjoints ? — 144. De cinq degrés conjoints ? — 145. De trois degrés conjoints ? — 146. De six degrés conjoints ? — 147. De sept degrés conjoints ? — 148. De neuf degrés conjoints ? — 149. De huit degrés conjoints ? — 150. Nommez la quarte de do ? — 151. Nommez la quinte de do ? — 152. Nommez la septième de do ? — 153. Nommez la tierce de do ?

DEVOIR

Indiquez dans l'exercice ci-dessous les degrés disjoints.

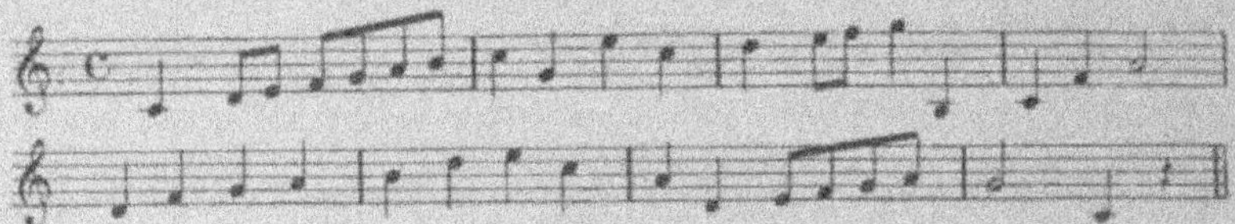

EXERCICES POUR L'INTONATION DES INTERVALLES

Intervalles de Secondes

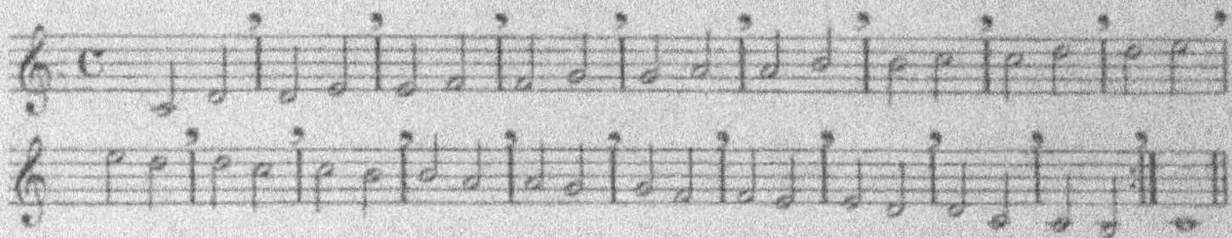

Intervalles de Tierces en montant et de Secondes en descendant

Intervalles de Tierces en descendant et de Secondes en montant

Intervalles de Quartes en montant et de Tierces en descendant

Intervalles de Quartes en descendant et de Tierces en montant

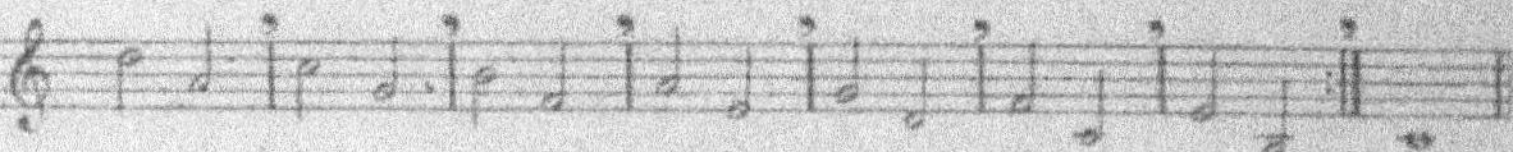

Intervalles de Quintes en montant et de Quartes en descendant

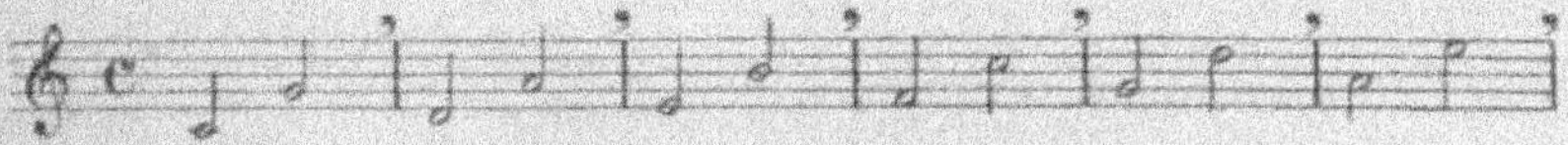

Intervalles de Quintes en descendant et de Quartes en montant

Intervalles de Sixtes en montant et de Quintes en descendant

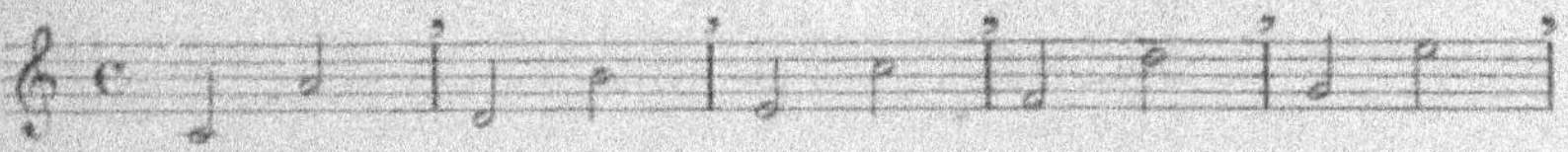

Intervalles de Sixtes en descendant et de Quintes en montant

Intervalles de Septièmes en montant et de Sixtes en descendant

Intervalles de Septièmes en descendant et de Sixtes en montant

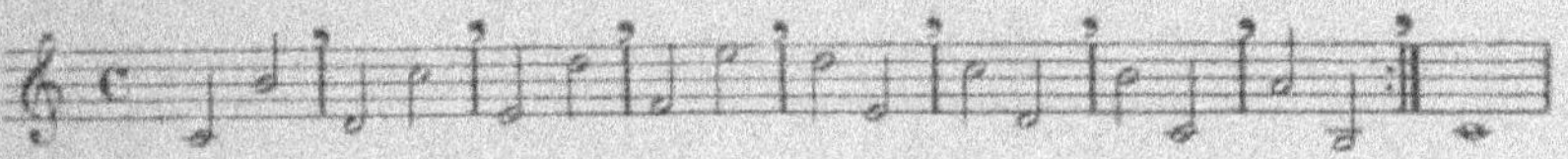

Intervalles d'Octaves en montant et de Septièmes en descendant

Intervalles d'Octaves en descendant et de Septièmes en montant

RÉSUMÉ DES INTERVALLES

DIX-SEPTIÈME LEÇON

INTERVALLES

§ 1. Un intervalle est **supérieur** ou **ascendant** quand il va du son grave au son aigu.

Septième ascendante

§ 2. Un intervalle est **inférieur** ou **descendant** quand il va de la note aiguë à la note grave [a].

Septième descendante

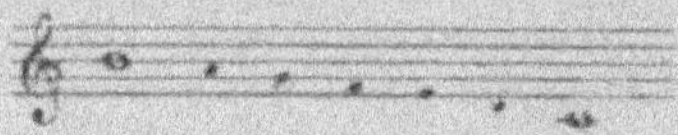

§ 3. Les noms d'intervalles sont très souvent exprimés en chiffres :

Unisson	**1**[re]
Seconde	**2**[e]
Tierce	**3**[e]
Quarte	**4**[e]
Quinte	**5**[e]
Sixte	**6**[e]
Septième	**7**[e]
Octave	**8**[e]
Neuvième	**9**[e] [b], etc...

QUESTIONNAIRE

154. Quand un intervalle est-il supérieur ou ascendant ? — 155. Quand un intervalle est-il inférieur ou descendant ? — 156. Par quel chiffre exprime-t-on un unisson ? — 157. Par quel chiffre exprime-t-on une neuvième ? — 158. Une tierce ? — 159. Une quinte ? — 160. Une sixte ? — 161. Une octave ? — 162. Une septième ? — 163. Une seconde ? — 164. Une quarte ?

DEVOIR

Indiquez les intervalles compris entre les notes consécutives et dites s'ils sont ascendants ou descendants.

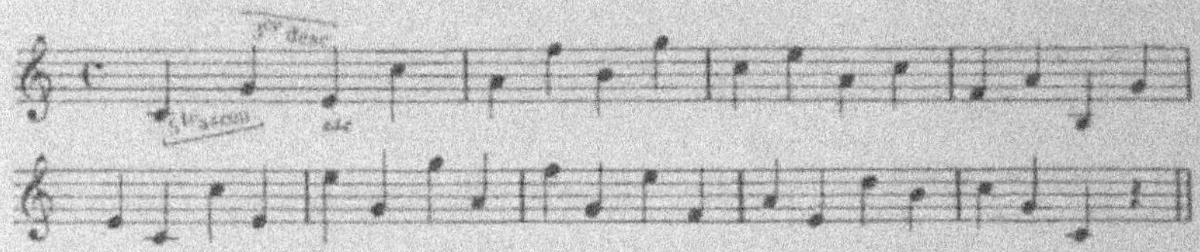

(a) Toutes les fois qu'on désigne un intervalle par son nom (seconde, quarte, sixte...) sans spécifier s'il est ascendant ou descendant, c'est l'intervalle ascendant que l'on a en vue.

Il en est de même lorsqu'on parle d'un intervalle en nommant les notes dont il est formé. Ainsi, lorsqu'on dit : « l'intervalle de **do** à **fa** », cela veut dire la quarte supérieure 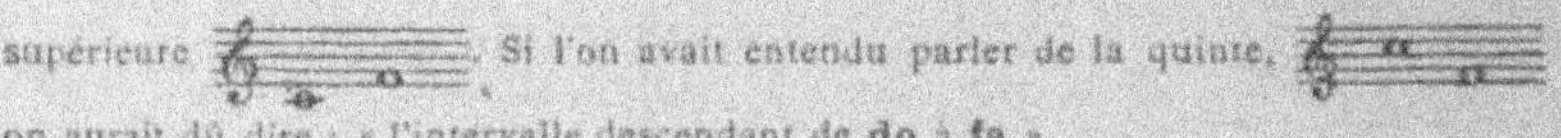. Si l'on avait entendu parler de la quinte, on aurait dû dire : « l'intervalle descendant de **do** à **fa** ».

(b) Ces chiffres indiquent le nombre de degrés dont l'intervalle est formé.

EXERCICES

DIX-HUITIÈME LEÇON

LE MOUVEMENT.

§ 1. On chante ou on joue plus ou moins vite : c'est ce qu'on appelle le **mouvement.**

§ 2. Certains passages d'un morceau de musique se chantent ou se jouent fort, d'autres passages, moins fort : Ces différentes manières d'accentuer tel ou tel passage d'un morceau de musique, s'appellent **nuances.**

§ 3. Pour indiquer ces mouvements et ces nuances on emploie certains termes italiens ou français.

Voici les principaux mouvements : (a)

EXPRESSIONS ITALIENNES	ABRÉVIATIONS	SIGNIFICATIONS
Grave		Grave.
Largo		Large, avec ampleur.
Larghetto		Diminutif de Largo.
Lento		Lent.
Adagio	**Ad**^{o}	A l'aise.
Andante	**And**^{te}	Mouvement de la marche paisible. (b)
Andantino	**And**^{o}	diminutif d'andante.
Moderato	**Mod**^{o}	Modéré.
Allegro	**All**^{o}	Gai et vite.
Allegretto	**All**^{to}	Diminutif d'allegro.
Vivace		Vif, rapide.
Presto		Vite.
Prestissimo		Très vite.

MODIFICATION DE MOUVEMENTS

Rallentando	**Rall**	En ralentissant.
Ritardando	**Ritard**	En retardant.
Ritenuto	**Rit**	En retenant.
Accelerando	**Accel**	En pressant.
Stringendo	**String**	En serrant.
A piacere		A plaisir.
Ad Libitum	**Ad lib.**	A volonté.
Poco à poco		Peu à peu.
Meno presto		Moins vite.
Piu Mosso		Plus vite.
Tempo primo	**Temp. 1**^{o}	Reprendre le premier mouvement, après un changement de mesure ou de mouvement.
A tempo		Reprendre le mouvement qu'on a dû ralentir ou presser.
Tempo di marcia		Mouvement de marche.

NUANCES

Piano	**p**	Faible.
Pianissimo	**pp**	Très faible.
Piano forte	**pf**	Faible et immédiatement fort.
Mezzo piano	**m. p**	Moitié faible.
Un poco piano	**poco p**	Un peu faible.

(a) Dans le deuxième livre, nous donnerons le tableau plus complet de tous les termes employés pour les mouvements et les nuances.

(b) Littéralement : En allant, en marchant.

Dolce	**Dol**	Doux.
Dolcissimo	**Dolciss** . .	Très doux.
Crescendo	**Cresc**	En augmentant.
Decrescendo *	**Decresc** . .	En diminuant de force.
Diminuendo *	**Dim**	Diminuer le son.
Morendo	**Moren** . . .	En mourant.
Forte	**F**	Fort.
Fortissimo	**FF**	Très fort.
Mezzo forte	**mF**	Moitié fort.
Forte piano	**Fp**	Fort et faible immédiatement.
Mezza voce	**m. v**	à demi-voix.

QUESTIONNAIRE

165. Qu'appelle-t-on le mouvement ? — 166. Qu'appelle-t-on nuances ? — 167. Qu'emploie-t-on pour indiquer les mouvements et les nuances ? — 168. Que veut dire « Largo » ? — 169. Que veut dire « Andante » ? — 170. Que veut dire « Moderato » ? — 171. Que veut dire « Allegro » ? — 172. Que veut dire « Presto » ? — 173. Que veut dire « Prestissimo » ? — 174. Que veut dire « Rallentando » ? — 175. Que veut dire « Ritardando » ? — 176. Que veut dire « Ritenuto » ? — 177. Que veut dire « Piano » ? — 178. Que veut dire « Crescendo » ? — 179. Que veut dire « Decrescendo » ? — 180. Que veut dire « Diminuendo » ? — 181. Que veut dire « Forte » ? — 182. Que veut dire « Fortissimo » ? — 183. Que veut dire « Mezzo forte » ? — 184. Que veut dire « Forte piano » ?

EXERCICES

(*) Ces deux termes sont à peu près synonymes.

DIX-NEUVIÈME LEÇON

L'ACCENTUATION

§ 1. L'**accentuation** est la manière d'attaquer, de soutenir, de lier ou de détacher les sons : dans ce cas, les notes qui doivent être accentuées sont surmontées ou accompagnées de signes spéciaux.

§ 2. Le **point** placé au-dessus ou au-dessous des notes signifie que ces notes doivent être détachées, c'est-à-dire séparées l'une de l'autre comme par un court silence. On l'appelle **point d'accentuation.** (a)

§ 3. Le **point allongé** indique que les notes au-dessus ou au-dessous desquelles il est placé doivent être piquées, un peu sèchement.

§ 4. Le signe **∧** ou **∨** placé au-dessus ou au-dessous d'une note indique qu'il faut marquer cette note plus fortement que les autres.

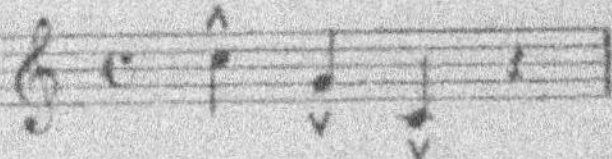

§ 5. Le signe **>** placé au-dessus ou au-dessous d'une note prévient que cette note doit être attaquée fortement et que le son doit aller en s'affaiblissant. (b)

QUESTIONNAIRE

185. Qu'est-ce que l'accentuation ? — 186. Qu'indique le point placé au-dessus ou au-dessous des notes ? — 187. Qu'indique le point allongé ? — 188. Qu'indique ce signe **∧** ou **∨** ? — 189. Que veut dire ce signe **>** ? — 190. Que veut dire « Adagio » ? — 191. Que veut dire « Vivace » ?

DEVOIR

Ecrivez sur plusieurs portées l'exercice suivant :

Mesure **C** avec quatre noires par mesure ; pour la dernière mesure : une ronde.

Trouvez les notes qui forment les intervalles demandés en prenant chaque fois pour première note de l'intervalle la dernière de l'intervalle précédent.

Point de départ : 5te sup., 4te sup., 3ce sup. | 2de inf., 2de inf., 4te inf., 3ce inf. | 4te sup., 5te inf., 3ce sup., 5te inf. | 3ce sup., 2de inf., 5te sup. unisson | 2de sup., 3ce inf., 6te sup., 3ce inf. | 2de sup., 3ce sup., 6te inf., 3ce inf. | 4te sup., 5te inf., 3ce sup., 5te inf. | 2de sup. |

(a) Lorsque plusieurs notes successives doivent être détachées, on peut remplacer les points par le terme italien *Staccato* qui veut dire : détaché.

Ce terme est très employé dans l'étude du violon.

(b) C'est à peu près comme s'il y avait fp. forte-piano. (Voir Leçon 18, *Nuances.*)

EXERCICES

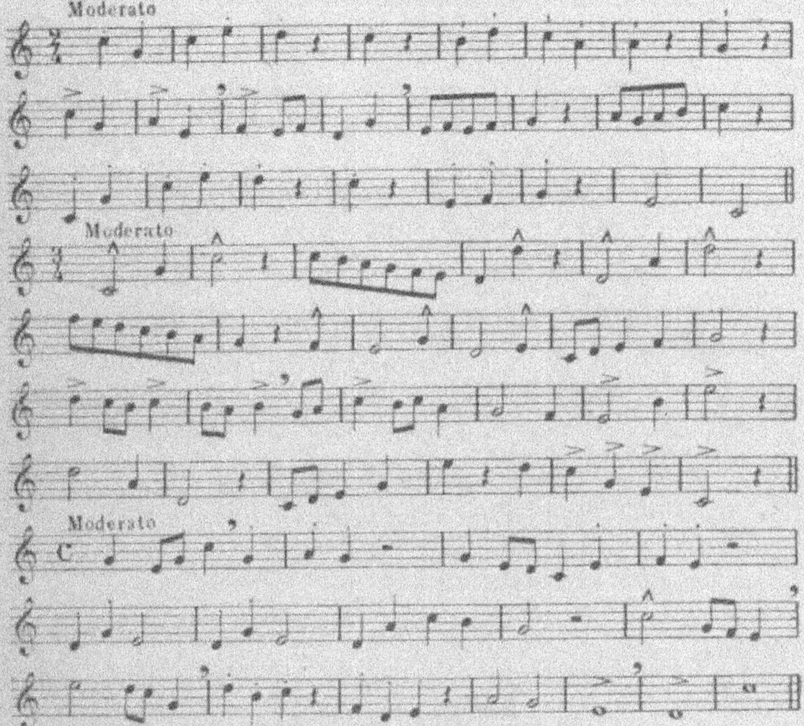

EXERCICE D'ÉCRITURE

Les **signes d'accentuation** *doivent être placés bien verticalement au-dessus ou au-dessous de la note à laquelle ils s'appliquent, et à l'opposé de la queue.*

En conséquence, pour la ronde, qui n'a pas de queue, ils peuvent occuper indifféremment l'une ou l'autre position.

On doit écrire les signes d'accentuation aussitôt après avoir tracé la figure de la note, de façon à n'avoir jamais à revenir en arrière.

VINGTIÈME LEÇON

LA LIAISON

§ 1. Le signe ‿ ou ⁀ s'appelle **liaison;** il sert à lier des notes d'intonations différentes, et indique qu'il faut exécuter ces notes en passant légèrement de l'une à l'autre sans respirer : ce signe prend le nom de **liaison d'accentuation**.

§ 2. Quand la liaison unit deux ou plusieurs notes de même son, on ne nomme que la première, et on en soutient le son pendant toute la durée des valeurs liées.

C'est ce qu'on appelle la **liaison de prolongation** (a).

Durée du son : quatre temps. Durée du son : deux temps et demi.

Durée du son : sept temps et demi.

§ 3. La **liaison et le point** combinés ensemble indiquent que les notes doivent être séparées les unes des autres et chantées un peu lourdement.

Les notes surmontées de ce double signe sont appelées **notes portées.**

QUESTIONNAIRE

192. Qu'est-ce que la liaison d'accentuation ? — 193. Qu'est-ce que la liaison de prolongation ? — 194. Qu'indiquent la liaison et le point combinés ensemble? — 195. Que veut dire « Lento » ? — 196. Que veut dire « Tempo di Marcia » ? — 197. Que veut dire « Poco a Poco » ? — 198 Que veut dire « A Tempo » ? — 199. Que veut dire « Pianissimo » ? — 200. Que veut dire « Dolce » ? — 201. Comment s'appellent les notes surmontées du double signe de la liaison et du point ?

DEVOIR

Ecrivez sur plusieurs portées l'exercice suivant : Mesure $\frac{3}{4}$ avec deux noires pour les deux premiers temps et un silence pour le troisième; pour la dernière mesure une blanche et un silence. Trouvez les notes qui forment les intervalles demandés en prenant pour première note de l'intervalle la dernière de l'intervalle précédent.

(a) On voit ici que la **liaison** a deux emplois tout à fait distincts : La **liaison de prolongation** est un signe de durée, qui réunit plusieurs valeurs pour en former une seule; la **liaison d'accentuation** est un signe d'articulation qui indique au chanteur la place des respirations.

Point de départ : 3ce supérieure, silence | 3ce sup., 4te sup., silence | 3ce sup., 2de inf., silence | 2de inf., 4te inf., silence | 3ce inf., 4te sup., silence | 3ce inf., 3ce inf., silence | unisson, 4te sup., silence | 3ce inf., 3ce inf., silence | unisson, 8ve sup., silence | 3ce sup., 8ve inf., silence | 2de sup., 6te sup., silence | unisson, 7me inf., silence | 2de inf., 7me sup., silence | unisson, 6te inf., silence | 3ce sup., 5te sup., silence | 2de inf., silence

EXERCICES

Avant d'aborder l'étude des chants avec paroles, il est bon que l'élève s'habitue à vocaliser, c'est-à-dire à donner l'intonation exacte sans nommer les notes.

Les exercices qui suivent devront être d'abord solfiés en battant la mesure, puis répétés plusieurs fois sur différentes voyelles, principalement *a, e, o.*

Cet exercice d'assouplissement vocal devra se faire plutôt à demi-voix, et l'élève devra s'efforcer d'obtenir une parfaite justesse et observer rigoureusement la mesure et les respirations indiquées par les silences.

Il devra se tenir le corps droit, les épaules effacées, la bouche franchement ouverte, en donnant au visage une expression sans contrainte et plutôt souriante.

EXERCICES DE VOCALISATION

EXERCICES D'ÉCRITURE

La **liaison** *doit se placer au-dessus ou au-dessous des notes, aussitôt que la dernière des notes qu'elle affecte est écrite, contrairement à l'habitude de certains copistes qui les ajoutent après coup, ce qui les expose à les mal placer ou à en oublier. La courbe en doit être gracieuse et élégante, commençant et se terminant avec précision sur la note voulue. On la met de préférence dans la direction opposée à celle de la queue de la note.*

Quand il y a à la fois des **points et une liaison,** *on met d'abord les points et ensuite la liaison ; c'est plus commode que le contraire.*

VINGT-ET-UNIÈME LEÇON

§ 1. Le signe <, qui s'appelle **crescendo,** indique qu'il faut donner peu de son à la première note, un peu plus à la seconde et ainsi de suite jusqu'à la dernière note.

§ 2. Le signe >, qui s'appelle **diminuendo**, indique le contraire du signe précédent, c'est-à-dire que le son de la première note est fort et que les autres notes décroissent insensiblement jusqu'à la dernière note.

§ 3. Ce double signe < >, réunion des deux précédents, indique que le son doit être doux en commençant et augmenté graduellement jusqu'à son entière intensité [a]; il faut que le son diminue ensuite avec la même gradation régulière jusqu'à sa sonorité primitive.

QUESTIONNAIRE

202. Que veut dire ce signe < ? — 203. Que veut dire ce signe > ? — 204. Qu'indique ce double signe < > ? — 205. Que veut dire « Largo » ? — 206. Que veut dire « Larghetto » ? — 207. Que veut dire « Tempo primo » ? — 208. Que veut dire « Morendo » ?

DEVOIR

Ecrivez les notes suivantes (Mesure **C**) : 1re mesure, DO, DO, MI, MI, **noires** | 2e mesure, SOL, SOL, SOL, SOL, **croches,** DO, DO, **noires** | 3e mesure, DEMI-PAUSE, SOL, **noire,** LA, SI, **croches** | 4e mesure, DO, RÉ, MI, DO, **croches,** RÉ, **noire,** SOUPIR | 5e mesure, DEMI-SOUPIR, SOL, LA, SI, **croches,** DO, RÉ, MI, RÉ, **doubles croches,** DO, **croche,** DEMI-SOUPIR | 6e mesure, LA, **noire,** SOUPIR, FA, **noire,** SOUPIR | 7e mesure, SOL, **blanche,** RÉ, MI, **noires** | 8e mesure, DO, **ronde.**

EXERCICES (à solfier)

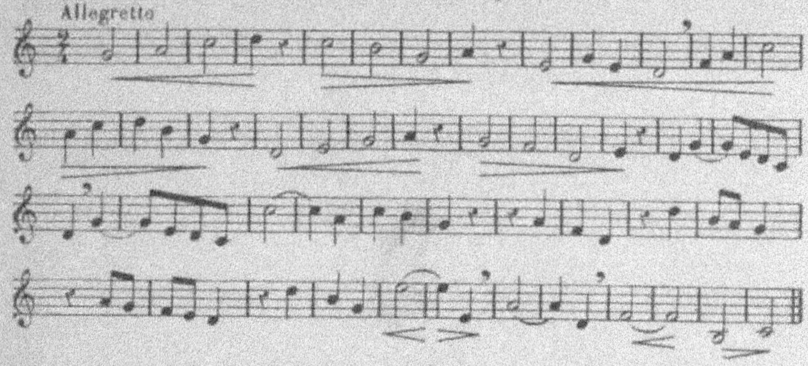

[a] Intensité veut dire : **force, puissance**.

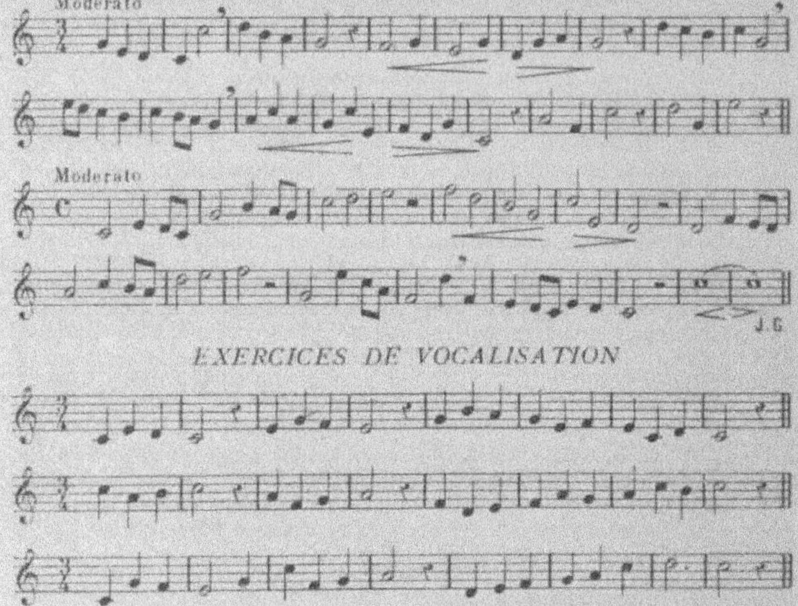

EXERCICES DE VOCALISATION

EXERCICES D'ÉCRITURE

S'exercer à reproduire d'une main sûre, et en traits fins, les signes abréviatifs du **crescendo** *et du* **diminuendo**, *de différentes grandeurs.*

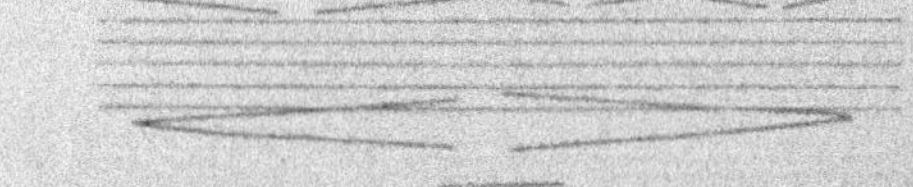

VINGT-DEUXIÈME LEÇON

§ 1. Le signe 𝄐 ou 𝄑 s'appelle **point d'orgue**. La note sur laquelle ou sous laquelle il est placé peut être prolongée à volonté [a].

(a) Voici quelle devrait être l'exécution *classique* et absolument correcte d'un point d'orgue :

1° La note tenue avec sa valeur complète ;

2° Une prolongation facultative de la même note ne pouvant être inférieure à la valeur écrite ;

3° Un silence égal à ce qu'a été la prolongation.

En général, on s'en tient à la prolongation facultative, au gré de l'exécutant.

Ce même signe, mais qui se place au-dessus d'un silence se nomme **point d'arrêt ;** de même que le point d'orgue prolonge la durée de la note, le point d'arrêt prolonge la durée du silence.

QUESTIONNAIRE

209. Comment s'appelle ce signe 𝅘𝅥 ? — 210. Qu'indique le point d'orgue ? — 211. Comment s'appelle ce signe 𝄐 ? — 212. Qu'indique le point d'arrêt ? — 213. Quelle est l'abréviation du terme italien « Piano » ? — 214. Quelle est l'abréviation de « Pianissimo » ? — 215. Quelle est l'abréviation de « Forte » ? — 216. Quelle est l'abréviation de « Fortissimo » ?

DEVOIR

Écrivez les notes suivantes : **Mesure** $\frac{3}{4}$ **:** 1re mesure, DO, **blanche,** LA, **noire** | 2e mesure, SOL, **blanche,** MI, **noire** | 3e mesure, FA, **blanche,** MI, RÉ, **croches** | 4e mesure, DO, **blanche,** SOUPIR | 5e mesure, SOL, **croche,** DEMI-SOUPIR, SOUPIR, LA, **croche,** DEMI-SOUPIR | 6e mesure, FA, **croche,** DEMI-SOUPIR, SOUPIR, SOL, **croche,** DEMI-SOUPIR | 7e mesure, MI, **noire,** SOUPIR, SOL, **noire** | 8e mesure, DO, **blanche,** SOUPIR, POINT D'ARRÊT.

EXERCICES (à solfier)

EXERCICES DE VOCALISATION

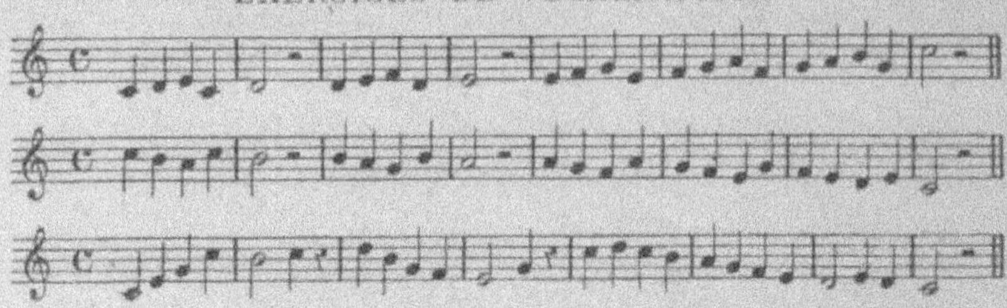

EXERCICES D'ECRITURE

Le **point d'orgue** *et le* **point d'arrêt,** *deux signes semblables, se placent de préférence au-dessus de la note ou du silence.*

S'il arrivait qu'on ait à en mettre au-dessous, le signe serait renversé.

VINGT-TROISIÈME LEÇON

§ 1. La **double barre** indique la fin d'un morceau ou d'une partie du morceau.

§ 2. Deux points *précédant* une **double barre** sont appelés **points de reprise;** ils indiquent que l'on doit répéter la partie du morceau qui se trouve avant les deux points.

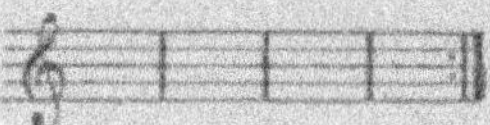

§ 3. La **double barre** *suivie* de deux points indique l'endroit où l'on doit reprendre le morceau quand on rencontrera une autre barre de reprise :

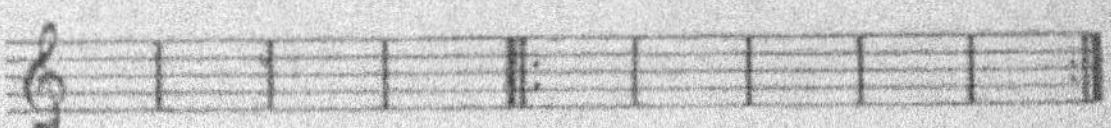

§ 4. Quand on rencontre le mot italien : **Da Capo** [a] ou ces deux lettres **D. C.** il faut recommencer le morceau jusqu'au mot **FIN.**

§ 5. Il existe des signes dits **signes de renvoi.**

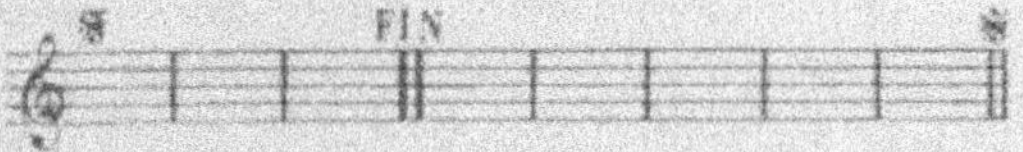

§ 6. Ce signe 𝄋 rencontré pour la deuxième fois renvoie au même signe 𝄋 placé au commencement du morceau que l'on recommence jusqu'au mot **FIN** [b].

QUESTIONNAIRE

217. Qu'indique la double barre ? — 218. Comment s'appellent deux points précédant une double barre ? — 219. Qu'indiquent les points de reprise ? — 220. Qu'indique la double barre suivie de deux points ? — 221. Que fait-on quand on rencontre le terme italien « Da Capo » ? — 222. Quelle est l'abréviation de « Da Capo » ? — 223. Quel nom donne-t-on à ce signe 𝄋 ? — 224. Que doit-on faire quand on rencontre ce signe 𝄋 pour la deuxième fois ?

DEVOIR

Ecrivez mesure **C,** les notes et valeurs suivantes : 1re mesure, DO, SOL, MI, DO, **noires** | 2e mesure, SOL, **noire,** MI, RÉ, **croches,** DO, **noire,** UN SILENCE | 3e mesure, LA, DO, SOL, MI, **noires** | 4e mesure, FA, SOL, LA, SOL, **doubles croches,** FA, MI, **noires,** RÉ, **croche,** UN SILENCE | 5e mesure, UN SILENCE, DO, **croche,** SOL, **noire,** UN SILENCE, MI, **croche,** DO, **noire** | 6e mesure, UN SILENCE, SOL, **croche,** MI, **blanche,** DO, **noire** | 7e mesure, LA, SI, **croches,** DO, SOL, MI, **noires** | 8e mesure, FA, MI, RÉ, MI, **croches,** DO, **noire,** UN SILENCE.

EXERCICES (à solfier)

Une **Noire** ou **deux Croches** pour un temps.

(a) **Da Capo** signifie : reprendre au commencement, à la *tête* du morceau.

(b) C'est un autre signe de reprise. — Les signes de renvoi peuvent affecter des formes quelconques.

Moderato
FIN
H.L.
p
R
EXERCICES DE VOCALISATION

EXERCICES D'ÉCRITURE

Les **doubles barres** *qui indiquent les reprises ou les grandes divisions du morceau doivent être fines comme les barres de mesure, et parfaitement verticales.*

Les **points de reprise** *toujours au-dessus et au-dessous de la ligne du milieu de la portée.*

Les signes de **renvoi** *peuvent affecter diverses formes.*

La **double-barre** *finale peut aussi se faire de différentes façons.*

VINGT-QUATRIÈME LEÇON

---

§ 1. Un **point** placé à la droite d'une note augmente cette dernière de la moitié de sa valeur. On l'appelle **point d'augmentation** [a]. etc

§ 2. La **ronde** valant deux blanches, la **ronde pointée** en vaut **trois.** — La **blanche** valant deux noires, la **blanche pointée** en vaut **trois.** — La **noire** valant deux croches, la **noire pointée** en vaut **trois.** — La **croche** valant deux doubles croches, la **croche pointée** en vaut **trois.** — La **double croche** valant deux triples croches, la **double croche pointée** en vaut **trois.** — La **triple croche** valant deux quadruples croches, la **triple croche pointée** en vaut **trois.**

(a) On obtiendrait le même résultat en liant la note avec la figure de valeur qui en représente la moitié : etc

Mais cela demanderait plus de signes.

Le point d'augmentation est donc un système d'abréviation avantageux.

QUESTIONNAIRE

225. Que fait un point placé à la droite d'une note ? — 226. Comment s'appelle ce point ? — 227. Combien la ronde pointée vaut-elle de blanches ? — 228. Combien la ronde pointée vaut-elle de noires ? — 229. Combien la blanche pointée vaut-elle de croches ? — 230. Combien la noire pointée vaut-elle de croches ? — 231. Combien faut-il de croches pour produire la valeur d'une ronde pointée ? — 232. Combien la double croche pointée vaut-elle de triples croches ? — 233. Combien faut-il de quadruples croches pour produire la valeur d'une ronde pointée ? — 234. Combien la noire pointée vaut-elle de doubles croches ? — 235. Combien faut-il de doubles croches pour produire la valeur d'une croche pointée ?

DEVOIR

Ecrivez mesure $\frac{3}{4}$, les notes et valeurs suivantes : 1re mesure, DO, MI, **croches**; SOL, **noire**; DO, **croche**; DEMI-SOUPIR | 2e mesure, MI, RÉ, **croches**; DO, **blanche** | 3e mesure, SOUPIR, LA, **blanche** | 4e mesure, FA, **blanche pointée** | 5e mesure, SOL, **blanche pointée** | 6e mesure, DO, **blanche**, SOUPIR.

EXERCICES (à solfier)

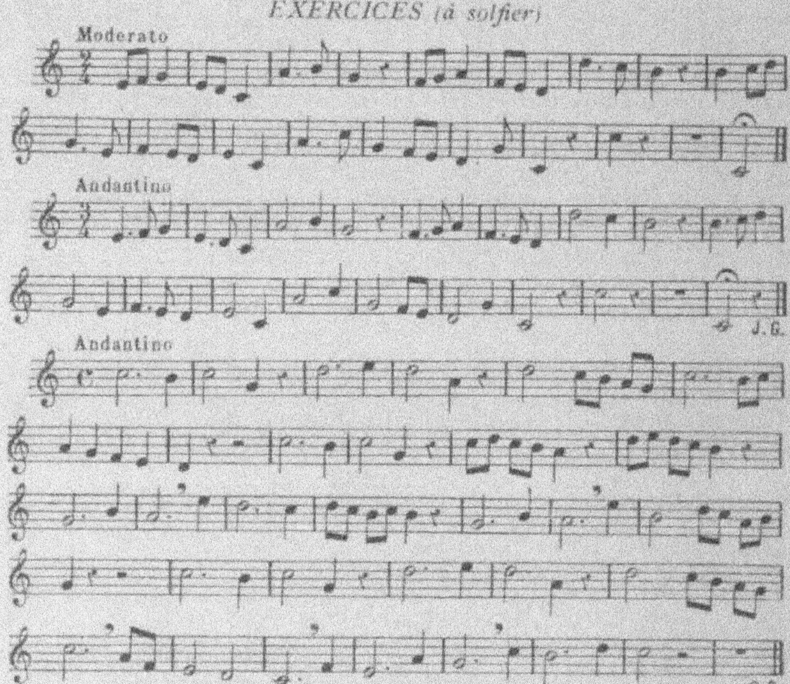

Pour l'étude des **Chants avec paroles**, voici comment il convient de procéder, au moins au début, et pendant un certain temps : 1° **Lire** et **nommer** toutes les notes; 2° les nommer de nouveau **en battant**

la mesure; 3° les **solfier** en battant la mesure ; 4° les **vocaliser** sur A en battant la mesure ; 5° lire les **paroles ;** 6° **joindre les paroles au chant,** en battant la mesure (ceci plusieurs fois) ; 7° **chanter** l'air avec ses paroles, **sans battre la mesure** (plusieurs fois (a)).

Pour chanter facilement il faut tenir la tête et le corps droits, la poitrine un peu avancée, naturellement, sans affectation ; ne jamais forcer la voix ; s'habituer à chanter les notes élevées avec la voix de **fausset** (b) vulgairement appelée « voix de tête » ; bien ouvrir la bouche, afin de prononcer distinctement toutes les notes ou toutes les syllabes.

Si l'on chante **en chœur**, à l'unisson (c), ne pas chercher à dominer la voix des autres (d), toutes les voix doivent produire un son unique. Il faut augmenter ou diminuer à propos l'**intensité des sons** comme l'indiquent les signes de nuances ; mais il faut les soutenir pendant toute leur durée. Pour trouver le son de la première note d'un morceau, c'est-à-dire l'**intonation,** on se sert d'un instrument nommé **Diapason** (e).

Cet instrument produit par ses vibrations la note **La** :

Connaissant le son du **La**, on trouve facilement l'intonation de la première note du morceau à chanter

MON VILLAGE

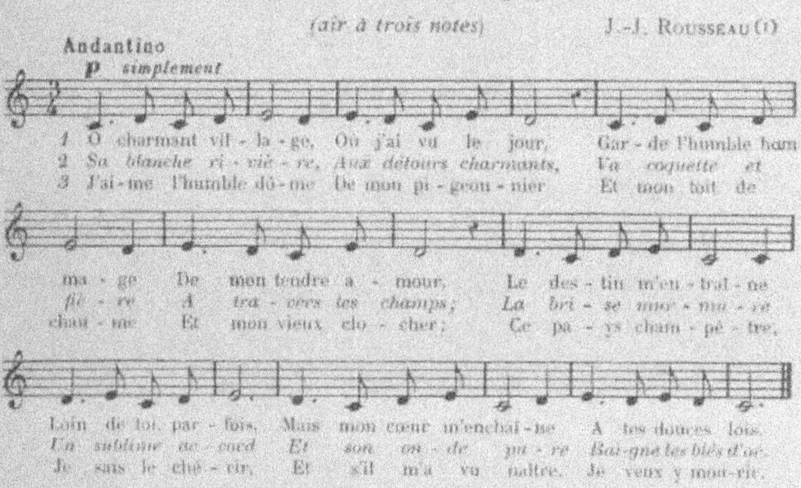

(1) **Rousseau** (Jean-Jacques), philosophe et compositeur, né à Genève en 1712, mort à Ermenonville en 1778.

(a) *Chaque petit morceau devra ensuite être appris* **par cœur**, *paroles et musique ; et le professeur veillera à ce que l'élève les conserve dans sa mémoire, en les lui faisant répéter de temps à autre, tantôt en lisant sur le livre, tantôt par cœur. (Cette culture de la mémoire musicale a la plus grande importance pour l'avenir des études, et on ne saurait l'entreprendre trop tôt.)*

(b) **Fausset**. Le registre le plus élevé de la voix humaine, dite aussi voix de tête (dans la leçon suivante, qui est dans les notes graves, il n'y a pas à faire usage de la voix de fausset).

(c) **Chanter à l'unisson,** c'est dans un chœur, faire tous la même partie.

(d) Chacun doit au contraire s'efforcer d'entendre la voix de ses voisins.

(e) Petit instrument consistant en une verge d'acier recourbée sur elle-même en

EXERCICES D'ÉCRITURE

Le **point d'augmentation** *doit être posé exactement à la même hauteur que la note, lorsque celle-ci occupe un interligne ou lorsqu'il est fait emploi de lignes supplémentaires.*

Quand la note est posée sur une ligne de la portée, le point se place indifféremment dans l'interligne supérieur ou dans l'interligne inférieur.

(Tout en étant bien visible, le point d'augmentation ne doit jamais être aussi gros qu'une tête de note.)

VINGT-CINQUIÈME LEÇON

§ 1. Le **point d'augmentation** se place aussi après les silences, où il a la même signification qu'après les notes.

§ 2. Il est d'usage de ne pointer les silences qu'à partir du demi-soupir [a].

Le 𝄾· vaut 3 𝄿, ou 6 𝅀, ou 12 𝅁

Le 𝄿· vaut 3 𝅀, ou 6 𝅁

Le 𝅀· vaut 3 𝅁

QUESTIONNAIRE

236. Que fait un point placé à la droite d'un silence ? — 237. Quels sont les silences qui ne se pointent pas ? — 238. Combien le demi-soupir pointé vaut-il de seizièmes de soupir ? — 239. Combien le quart de soupir pointé vaut-il de seizièmes de soupir ? — 240. Combien le demi-soupir pointé vaut-il de quarts de soupir ? — 241. Combien le huitième de soupir pointé vaut-il de seizièmes de soupir ? — 242. Combien le demi-soupir pointé vaut-il de huitièmes de soupir ? — 243. Combien le quart de soupir pointé vaut-il de huitièmes de soupir ?

DEVOIR

Ecrivez sur la deuxième ligne de la portée les valeurs suivantes : CROCHE POINTÉE, RONDE POINTÉE, BLANCHE POINTÉE, NOIRE POINTÉE, DOUBLE CROCHE POINTÉE, QUADRUPLE CROCHE POINTÉE, TRIPLE CROCHE POINTÉE.

Ecrivez les silences suivants : SEIZIÈME DE SOUPIR POINTÉ, QUART DE SOUPIR POINTÉ, DEMI-SOUPIR POINTÉ, HUITIÈME DE SOUPIR POINTÉ.

---

forme de pincette. Une petite tige, terminée parfois par un bouton, forme son extrémité inférieure. Lorsqu'on veut faire vibrer le **diapason,** on le saisit par cette tige, on introduit un corps dur entre les deux branches de l'instrument, et le frottement qu'on produit en retirant ce corps, met les branches en vibration. Le son produit donne la note LA. On obtient le même résultat en frappant l'une des deux branches contre un corps dur.

(a) Nous ignorons la raison de cette règle, pourtant très classique ; plusieurs compositeurs modernes ne s'y soumettent pas, et emploient aussi bien le point d'augmentation après la pause, la demi-pause et le soupir.

EXERCICES (*à solfier*)

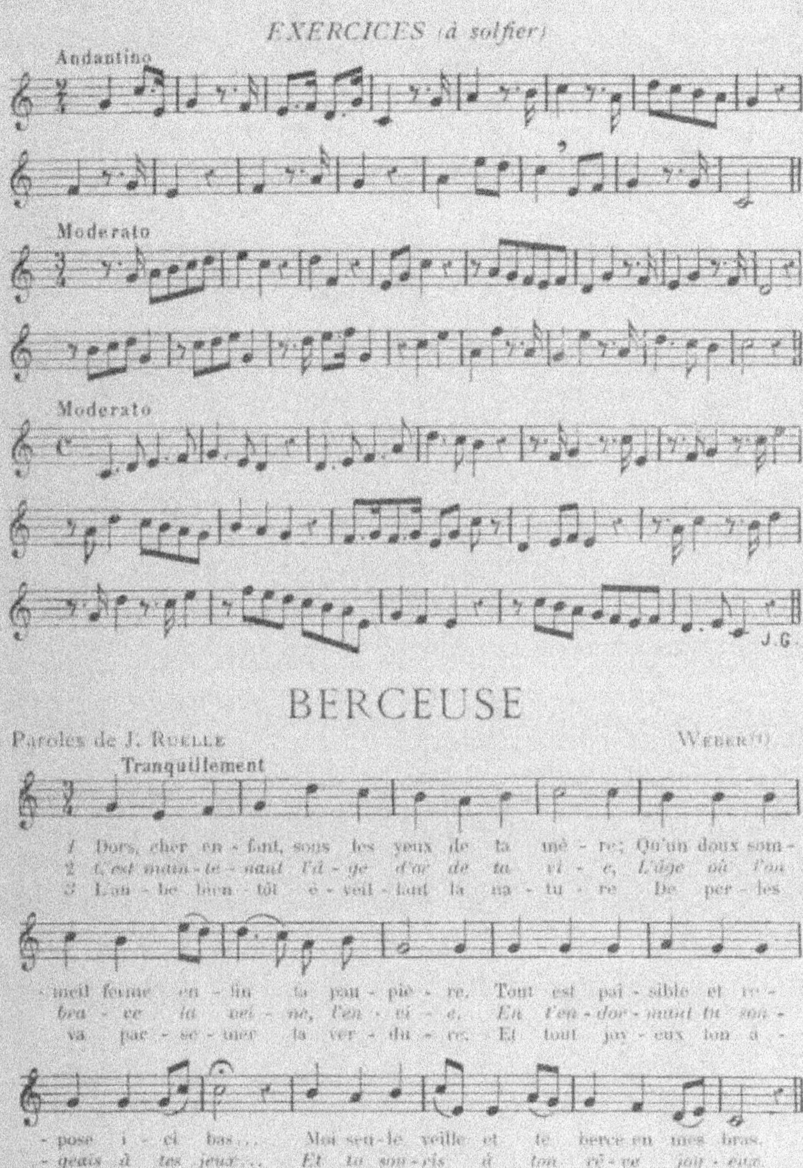

BERCEUSE

Paroles de J. Ruelle — Weber (1)

1 Dors, cher en - fant, sous les yeux de ta mè - re; Qu'un doux som -
2 *C'est main - te - nant l'â - ge d'or de ta vi - e, L'âge où l'on*
3 L'au - be bien - tôt é - veil - lant la na - tu - re De per - les

- meil ferme en - fin ta pau - piè - re. Tout est pai - sible et re -
bra - ve la hai - ne, l'en - vi - e. En t'en - dor - mant tu son -
va par - se - mer la ver - du - re. Et tout joy - eux ton a -

- pose i - ci bas... Moi seu - le veille et te berce en mes bras.
- geais à tes jeux... Et ta sou - ris à ton rê - ve joy - eux.
- mi le so - leil... Res - plen - di - ra pour charmer ton ré - veil.

---

(1) **Weber** (Charles-Marie-Frédéric-Ernest, baron de) célèbre compositeur, né en 1786 à Eutin (Allemagne), mort à Londres en 1826.

EXERCICES D'ÉCRITURE

Le **point d'augmentation** *après un silence occupe toujours le 2me ou le 3me interlignes*

VINGT-SIXIÈME LEÇON

§ 1. La **blanche pointée** qui vaut **trois noires** est prise comme **unité** de mesure dans la mesure $\frac{3}{4}$.

En cette circonstance, elle est considérée comme valeur simple, mais à part cette exception, les notes **pointées** sont des **valeurs composées;** ces valeurs sont divisibles par trois, comme nous l'avons vu précédemment, et par les multiples de 3 : 6, 12, 24, etc...

§ 2. Cette division est appelée **division ternaire**.

§ 3. Les notes **non pointées** sont des **valeurs simples ;** ces valeurs sont divisibles par deux et par les multiples de 2 : 4, 8, 16, etc..,

§ 4. C'est ce que nous avons appelé la **division binaire** (voir p. 13)[a].

QUESTIONNAIRE

244. Quelle est l'unité de mesure de la mesure $\frac{3}{4}$? — 245. Dans la mesure $\frac{3}{4}$, la blanche pointée est-elle considérée comme valeur simple ou comme valeur composée ? — 246. Les notes pointées, sont-elles valeurs simples ou valeurs composées ? — 247. Comment se nomme la division des valeurs composées ? — 248. Quels sont les multiples des valeurs de notes divisibles par trois ?

DEVOIR

Ecrivez l'exercice suivant (Mesure **C**) : 1re mesure, UN SILENCE | 2e mesure, DEUX SILENCES | 3e mesure, TROIS SILENCES, dont un pour les deux premiers temps | 4e mesure, QUATRE SILENCES | 5e mesure, CINQ SILENCES, dont un pour les deux premiers temps | 6e mesure, SIX SILENCES, dont un pour le premier temps et deux pour le quatrième temps | 7e mesure, SEPT SILENCES, dont quatre pour le quatrième temps et un

(a) Toute note pointée est divisible par trois; mais ensuite ses subdivisions restent binaires; ainsi

Une blanche pointée

vaut trois noires qui à leur tour

valent chacune deux croches,

etc...

pour le deuxième temps | 8e mesure, ONZE SILENCES, dont un pour le premier temps et deux pour le deuxième temps | 9e mesure, UN SILENCE(a)

EXERCICES (à solfier)

(a) Il est superflu d'expliquer que ceci n'est qu'un Exercice, et que, bien entendu, de semblables mesures ne se rencontrent jamais.

P. G.

VINGT-SEPTIÈME LEÇON

§ 1. Les silences ne se pointant qu'à partir du demi soupir, pour avoir en silence l'équivalent d'une blanche pointée, il faut une demi-pause et un soupir.

§ 2. La demi-pause remplace la blanche, et le soupir remplace le point qui équivaut à une noire.

§ 3. Pour avoir en silence l'équivalent d'une noire pointée, il faut un soupir et un demi-soupir.

§ 4. Le soupir remplace la noire, et le demi-soupir remplace le point qui équivaut à une croche [a].

(a) Ceci est la conséquence de la règle exposée page 50, § 2, dont nous avons dit ne comprendre ni la raison ni l'utilité. Mais c'est ainsi que les classiques ont toujours écrit.

§ 5. L'équivalent (en silence) de la croche pointée est le silence pointé correspondant. Ce silence est le demi-soupir pointé.

QUESTIONNAIRE

249. Quels silences faut-il pour avoir l'équivalent d'une blanche pointée ? — 250. Dans une blanche pointée, quel silence remplace le point ? — 251. Quels silences faut-il pour avoir l'équivalent d'une noire pointée ? — 252. Dans une noire pointée, quel silence remplace la noire ? — 253. Quel est le silence de la croche pointée ? — 254. Quel est le silence de la double croche pointée ? — 255. Quel est le silence de la triple croche pointée ? — 256. Quel est le silence de la quadruple croche pointée ? — 257. Quel silence faut-il pour avoir l'équivalent de trois doubles croches ? — 258. Quels silences faut-il pour avoir l'équivalent d'une ronde pointée ? — 259. Quels silences faut-il pour avoir l'équivalent d'une ronde pointée liée à une noire ?

DEVOIR

Ecrivez sur une portée, les silences représentant les valeurs de notes ci-dessous :

Ecrivez dans le quatrième interligne les valeurs de notes pointées correspondant aux silences ci-dessous :

VINGT-HUITIÈME LEÇON

Récapitulation de la mesure $\frac{2}{4}$

§ 1. Nous avons dit que dans la mesure $\frac{2}{4}$, le *chiffre supérieur* **2** indique le *nombre de temps* de la mesure ; et le *chiffre inférieur* **4**, que la **noire** est *l'unité de temps*.

§ 2. *L'unité de mesure* est la **blanche**.

§ 3. Le **silence** qui occupe la mesure entière est la **pause** (b).

(a) Voir la note p. 56.

(b) L'élève se rappellera que la pause est toujours le silence d'une mesure entière n'excédant pas la valeur d'une ronde. Dans les cas actuels, elle se trouve représenter une blanche.

§ 4. La **noire pointée** vaut dans cette mesure, **un temps et demi.**

§ 5. La **croche pointée** vaut dans cette mesure, **trois quarts de temps.**

Exemple de plusieurs combinaisons rythmiques pouvant entrer dans la mesure $\frac{2}{4}$.

Faites la lecture rythmique de cet exemple[a].

QUESTIONNAIRE

260. Dans la mesure $\frac{2}{4}$, que vaut une noire pointée ? — 261. Dans cette même mesure, que vaut une noire ? — 262. Que vaut une croche ? — 263. Que vaut une double croche ? — 264. Combien la mesure $\frac{2}{4}$ contient-elle de triples croches ? — 265. Combien contient-elle de quadruples croches ? — 266. Si dans cette mesure on a déjà une noire au premier temps et une croche au deuxième temps, quel silence faut-il pour compléter la mesure ? — 267. Si on a déjà une noire au premier temps, combien faut-il de triples croches pour compléter la mesure.

DEVOIR

Ecrivez en *clef de sol*, les notes suivantes en ne descendant pas plus bas que cette note  ; mesure $\frac{2}{4}$, une note par mesure :

LA, SI, MI, DO, FA, RÉ, SOL, MI, DO, RÉ, SI, DO, LA, UN SILENCE pour la dernière mesure.

EXERCICES (à solfier)

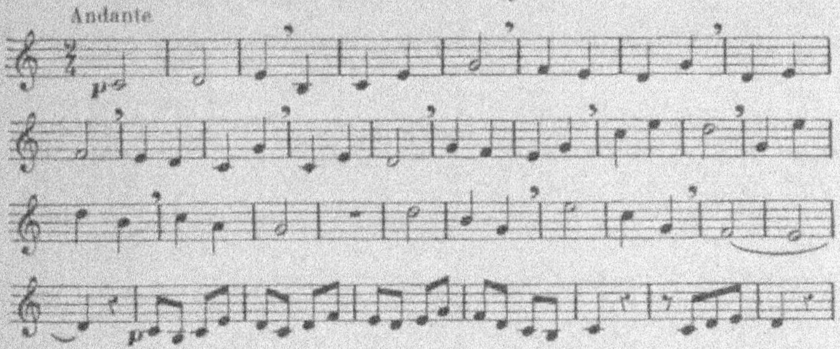

(a) Faire la lecture rythmique, c'est nommer les notes en leur donnant leur valeur exacte, mais sans intonation, sans chanter.

LE ROSIER

J.-J. Rousseau

Andantino

Je l'ai plan - té, je l'ai vu naî - tre, Ce beau ro -
- sier, où les oi - seaux Venaient chan - ter sous ma fe -
- nê - tre Per - chés sur ses jeu - nes ra - meaux.

Il a pous - sé beau - coup de ro - ses, Les oiseaux
ont long - temps chan - té; Et cha - que fleur à peine é -
- clo - se Ap - por - tait un flot de gai - té.

Mais sur le sol les fins pé - ta - les Sont tom - bés
pe - tit à pe - tit; Puis a - vec la brise au - tom -
- na - le Tous mes chers oiseaux sont par - tis!

J'ai pleu - ré la mort de mes ro - ses, Le dé - part

VINGT-NEUVIÈME LEÇON

Récapitulation de la mesure $\frac{3}{4}$

§ 1. Dans la mesure $\frac{3}{4}$, se rappeler que le *chiffre supérieur* **3** indique le *nombre de temps* de la mesure ; et le *chiffre inférieur* **4,** que la **noire** est *l'unité de temps*.

§ 2. *L'unité de mesure* est la **blanche pointée** qui vaut **trois noires**.

§ 3. Le **silence** qui occupe la mesure entière est la **pause** (a).

§ 4. La **noire pointée** vaut, comme dans la mesure $\frac{2}{4}$, **un temps et demi**.

Exemple de plusieurs combinaisons rythmiques pouvant entrer dans la mesure $\frac{3}{4}$.

Faites la lecture rythmique de cet exemple.

QUESTIONNAIRE

268. Dans la mesure $\frac{3}{4}$, que vaut une noire pointée ? — 269. Dans cette même mesure, que vaut une croche ? — 270. Que vaut un soupir ? — 271. Combien cette mesure contient-elle de croches ? — 272. De doubles croches ? — 273. De triples croches ? — 274. De quadruples croches ? — 275. Si, dans cette mesure, on a déjà une noire et une croche, quels silences faut-il pour compléter la mesure ? — 276. Si, au premier temps, on a une croche pointée, quelle valeur de note faut-il pour compléter ce temps ? — 277. Si, au premier temps, on a une noire combien faut-il de triples croches pour compléter la mesure ? — 278. Si, pour les deux premiers temps, on a une blanche et pour le troisième temps, une croche et une double croche, quel silence faut-il pour compléter la mesure ?

(a) Ici, la pause se trouve représenter une blanche pointée.

DEVOIR

Ecrivez en *clef de sol* les notes suivantes en ne descendant pas plus bas que cette note  ; mesure $\frac{3}{4}$, une note par mesure :

LA, FA, RÉ, DO, SI, SOL, LA, FA, SOL, MI, LA, RÉ, DO, SI, DO, UN SILENCE pour la dernière mesure.

EXERCICES *(à solfier)*

LES TAMBOURINEURS

1 Tap - pez sur vos cais - ses Tam - bou- ri - neurs. Jo - yeux sif-fleurs
2 *Sur vos flû - tes fi - nes Tam - bou ri - neurs, Chan - tez en chœur*
3 Que vos cais - ses trem - blent D'un air vain - queur Tam-bou - ri - neurs

Chas - sez nos tris - tes - ses A - vec ar - deur, La la la, La la la,
Des chan-sons mu - ti - nes Aux airs mo-queurs, La la la, La la la
Frap - pez tous en - sem - ble A - vec bon - heur, La la la, La la la,

Et tap - pez et sif - flez en chœur, La la la, La la la, Tam-bou-ri-neurs !
Et frap - pez et sif - flez en chœur, La la la, La la la, Tam-bou-ri-neurs !
Et frap - pez et sif - flez en chœur, La la la, La la la, Tam-bou-ri-neurs !

P. G.

TRENTIÈME LEÇON

Récapitulation de la mesure $\frac{4}{4}$ ou **C**.

§ 1. Nous avons vu que le chiffre supérieur **4** indique le nombre de temps de la mesure, le chiffre inférieur **4** que la **noire** est l'**unité de temps**.

§ 2. L'**unité de mesure** est la **ronde**, et le *silence* représentant la mesure entière est la **pause** (a).

§ 3. On indique presque toujours cette mesure par la lettre **C**.

§ 4. La **ronde** valant quatre temps, la **blanche pointée**, dans cette mesure, en vaut trois ; la **noire pointée** vaut un temps et demi.

Exemple de plusieurs combinaisons rythmiques pouvant entrer dans la mesure **C**.

Faites la lecture rythmique de cet exemple.

QUESTIONNAIRE

279. Dans la mesure C que vaut une blanche pointée ? — 280. Que vaut une noire ? — 281. Que vaut une noire pointée ? — 282. Que vaut une demi-pause ? — 283. Que vaut un demi-soupir ? — 284. Que vaut une croche ? — 285. Que vaut une double-croche ? — 286. Que vaut une croche pointée ? — 287. Combien la mesure C contient-elle de croches ? — 288. Combien contient-elle de doubles-croches ? — 289. Combien contient-elle de triples-croches ? — 290. Combien contient-elle de quadruples-croches ? — 291. Si dans cette mesure, on a déjà deux noires, combien faut-il de croches pour compléter la mesure ? — 292. Si on a une noire au premier temps, quel silence faut-il pour remplir le deuxième temps, et quelle valeur faut-il pour remplir le troisième et le quatrième temps.

DEVOIR

Copiez cet exercice et indiquez les temps dans chaque mesure.

Nommez la note la plus aiguë et la note la plus grave de ce devoir.

(a) Ici, la pause représente en même temps sa valeur totale, la ronde.

EXERCICES (à solfier)

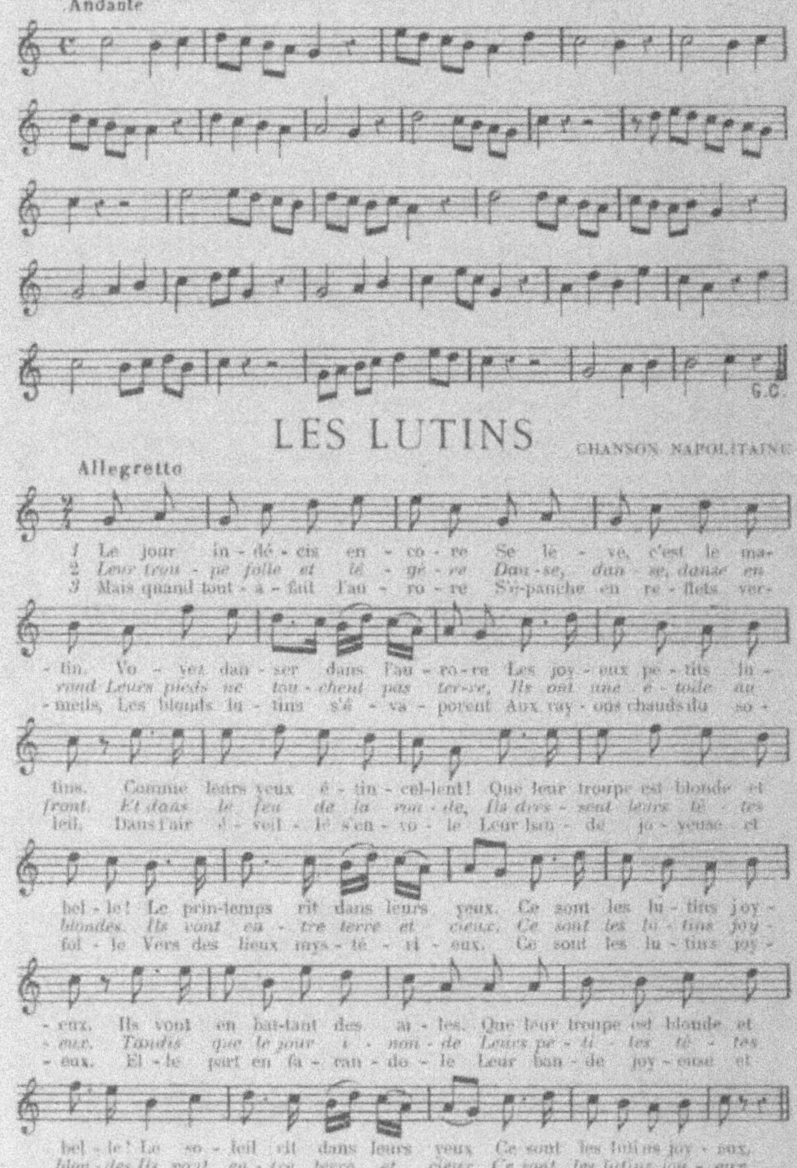

TRENTE-ET-UNIÈME LEÇON

Signes d'altération

§ 1. **Altérer** une note, c'est en modifier le son en le haussant ou en l'abaissant légèrement.

§ 2. Il y a deux principaux signes d'altération : Le dièse (♯) et le bémol (♭) [a].

§ 3. Le **dièse** hausse d'un demi-ton le son de la note devant laquelle il est placé.

1/2 ton supérieur

§ 4. Le **bémol** abaisse d'un demi-ton le son de la note devant laquelle il est placé.

1/2 ton inférieur

QUESTIONNAIRE

293. Qu'est-ce qu'altérer une note? — 294. Quels sont les deux signes d'altération? — 295. Que fait le dièse? — 296. Que fait le bémol? — 297. Si, dans la mesure $\frac{3}{4}$, on a déjà une double croche au premier temps, combien faut-il de triples croches pour compléter ce temps? — 298. Si, dans la mesure C, on a déjà un demi-soupir et une double croche au premier temps, quel silence faut-il pour compléter ce temps? — 299. Si, dans la mesure $\frac{2}{4}$, on a déjà au premier temps une croche pointée, combien faut-il de quadruples croches pour compléter ce temps?

DEVOIR

Copiez cet exercice et indiquez les temps dans chaque mesure.

Nommez la note la plus aiguë et la note la plus grave de ce devoir.

EXERCICES (à solfier)

Exercice pour l'intonation du premier dièse : **Fa**

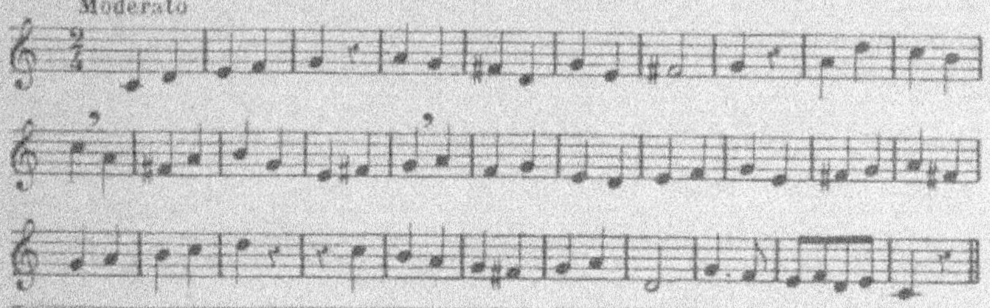

(a) Dans la deuxième année, nous parlerons des deux autres signes d'altération : le double dièse 𝄪 et le double bémol 𝄫.

Exercices pour l'intonation du premier bémol : **Si**

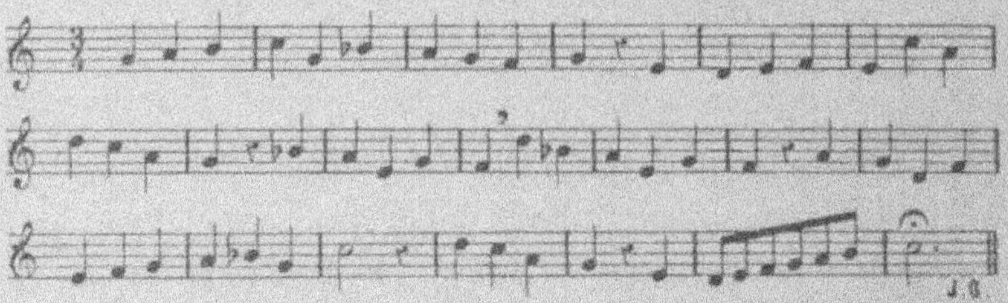

FRÈRE JACQUES

(CANON A 4 VOIX)

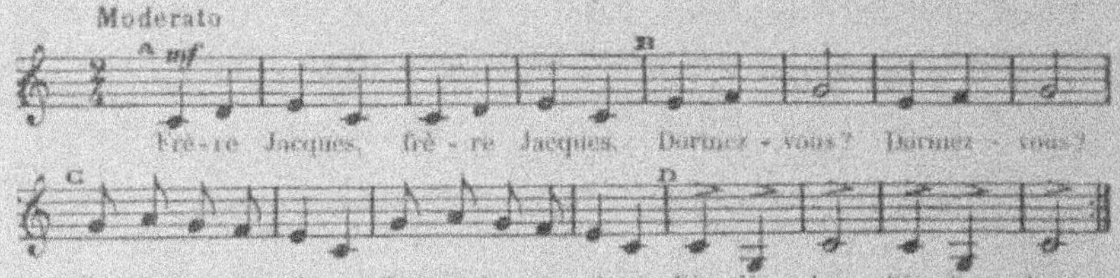

EXERCICES D'ÉCRITURE

Le **dièse** *se fait en quatre mouvements, dans cet ordre : (Les deux traits verticaux (1 et 2) doivent être très fins. Les deux traits obliques (3 et 4), sensiblement plus épais, sans lourdeur toutefois.)*

Le **bémol** *se fait d'un seul trait, en commençant par le haut.*

Dièses et bémols doivent toujours être placés exactement au même niveau, sur la même ligne ou dans le même interligne que la note correspondante, et être écrits **avant** *elle, seul moyen de n'en pas oublier et de leur réserver la place convenable (voir 20me Leçon).*

D'ailleurs, tous les signes de l'écriture musicale doivent être écrits dans leur ordre de gauche à droite, et l'on ne doit jamais avoir à revenir en arrière pour en ajouter ou compléter.

TRENTE-DEUXIÈME LEÇON

§ 1. Le **signe d'altération,** ♯ ou ♭, placé devant une note affecte toutes celles du même nom qui lui succèdent dans la même mesure.

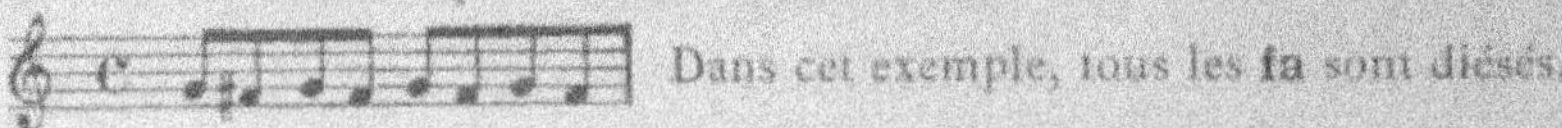

Dans cet exemple, tous les **fa** sont diésés.

Dans cet exemple, tous les **si** sont bémolisés.[a]

QUESTIONNAIRE

300. Un signe d'altération placé dans une mesure devant une note, n'affecte-t-il que cette note dans la mesure ? — 301. Quel silence manque-t-il pour que cette mesure soit complète ? — 302. Quelle valeur de note manque-t-il pour que cette mesure soit complète ? — 303. Quel silence manque-t-il pour que cette mesure soit complète ? — 304. Quelle valeur de note manque-t-il pour que cette mesure soit complète ? — 305. Si le premier temps d'une mesure $\frac{3}{4}$ est représenté par quatre notes, quelles sont ces valeurs de notes ? — 306. Quelle valeur de note manque-t-il pour que cette mesure soit complète ? — 307. Quel silence manque-t-il pour que cette mesure soit complète ? — 308. Si les deux premiers temps d'une mesure C sont représentés par quatre croches, combien faut-il de ces mêmes valeurs pour compléter la mesure ? — 309. Quelle valeur de note manque-t-il pour que cette mesure soit complète ? — 310. Quel silence manque-t-il pour que cette mesure soit complète ?

DEVOIR

Copiez cet exercice, indiquez les temps et mettez les barres de mesure.

Nommez la note la plus aiguë et la note la plus grave de ce devoir.

(a) Bien que, selon la règle, les signes d'altération affectent toutes les notes de même nom jusqu'à la fin de la mesure, il est d'usage, pour la clarté de l'écriture, de répéter le signe lorsqu'il y a changement d'octave :

EXERCICES (à solfier)

LA TRUITE

SCHUBERT (a).

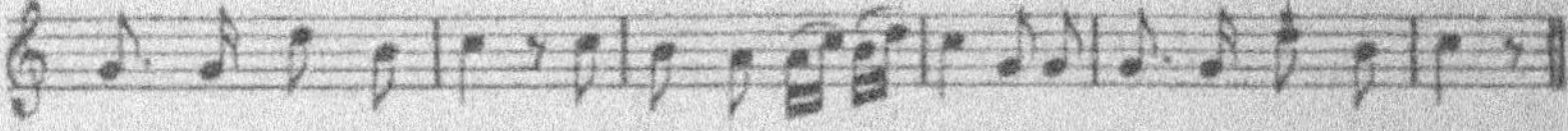

(a) **Schubert** (FRANÇOIS), né à Vienne en 1797, mort en 1828.

TRENTE-TROISIÈME LEÇON

§ 1. Dans une même mesure, pour ramener à son état naturel une note précédemment altérée, on emploie un troisième signe (♮) nommé **bécarre**. Dans cet exemple, les deux premiers **fa** sont diésés; et les deux derniers sont ramenés à leur état naturel par le **bécarre**.

Dans cet exemple, le premier **si** seul, est bémolisé, les trois autres sont ramenés à leur état naturel par le **bécarre**.

§ 2. Le **dièse** est une **altération supérieure**, et le **bémol,** une **altération inférieure.** Le **bécarre annule** l'un ou l'autre (a).

QUESTIONNAIRE

311. Au moyen de quel signe ramène-t-on une note altérée à son état naturel? — 312. Le dièse est-il altération supérieure ou inférieure? 313. Le bémol est-il altération supérieure ou inférieure? — 314. Que fait le bécarre?

DEVOIR

Copiez cet exercice et mettez les altérations suivantes : 1re mesure : 2e NOTE **dièse,** 4e NOTE **dièse** | 2e mesure : 2e NOTE, **bémol** | 3e mesure; 2e NOTE, **dièse,** 4e NOTE, **dièse** | 4e mesure : 3e NOTE, **dièse** | 5e mesure ; 1re NOTE, **bémol** | 6e mesure : Remettre la 4e NOTE dans son état naturel | 7e mesure : 2e NOTE, **dièse** | 8e mesure : 4e NOTE, **bémol** | 9e mesure : 2e NOTE, **bémol** | 10e mesure : 4e NOTE, **dièse** | 11e mesure; 2e NOTE, **dièse,** 5e NOTE, **dièse** | 12e mesure : **point d'orgue**.

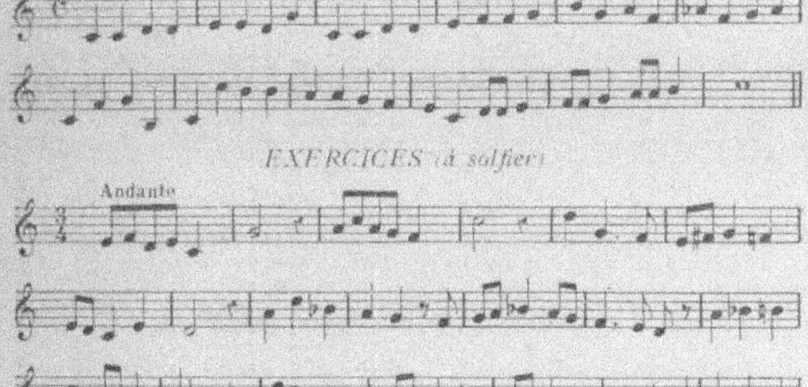

EXERCICES (à solfier)

Andante

(a) On verra plus loin des cas où le bécarre joue lui-même le rôle d'un signe d'altération (59me Leçon).

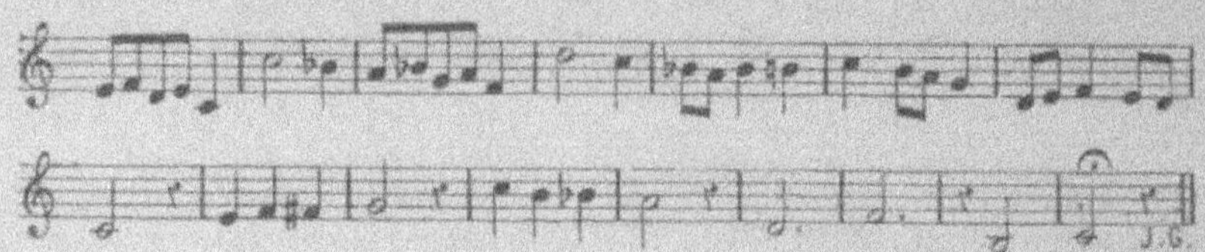

AUX CHAMPS

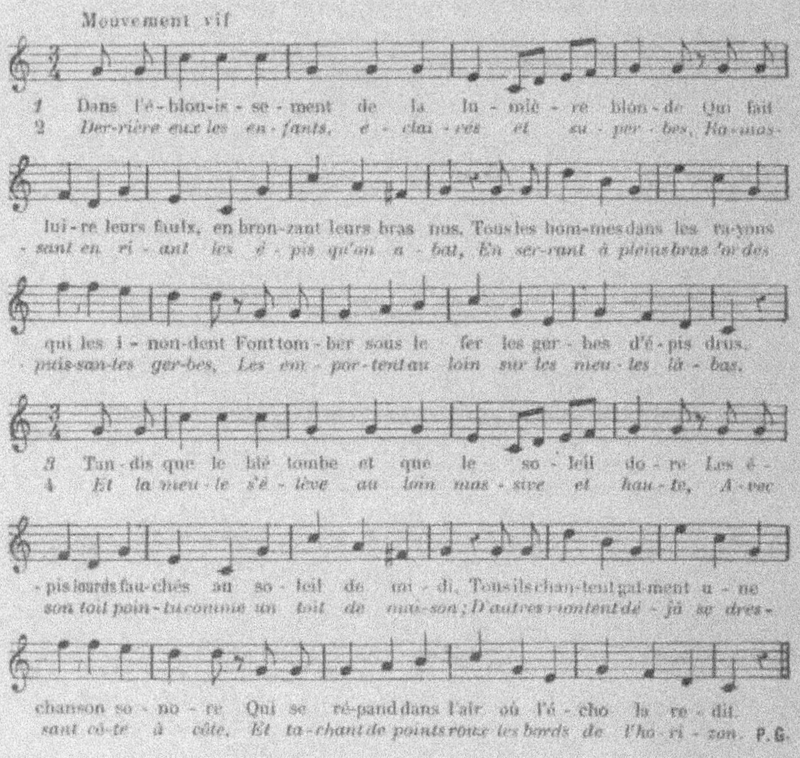

EXERCICES D'ÉCRITURE

Le **bécarre** *se fait en deux mouvements, dans cet ordre :*

(Les deux traits verticaux très fins, et les deux traits horizontaux, beaucoup plus courts, avec le plein de la plume.)

Comme pour les dièses et bémols, il faut apporter le plus grand soin à bien placer le bécarre en face de la note, ni plus haut, ni plus bas.

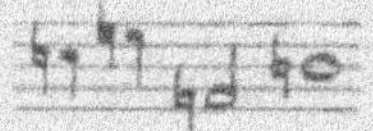

TRENTE-QUATRIÈME LEÇON

§ 1. Un ton est formé de deux **demi-tons**; on le partage au moyen d'une altération.

Dans l'exemple ci-dessus, il faut remarquer que de do à do dièse il y a un **demi-ton ascendant**, tandis que de ré bémol à do il y a un **demi-ton descendant** (a).

§ 2. Toutes les notes sont susceptibles d'être diésées ou bémolisées.

QUESTIONNAIRE

315. En combien de demi-tons un ton peut-il se partager? — 316. Par quel moyen divise-t-on un ton en deux demi-tons? — 317. Partagez au moyen d'un dièse le ton ré-mi en deux demi-tons? — 318. Partagez au moyen d'un dièse le ton fa-sol en deux demi-tons? — 319. Partagez au moyen d'un bémol le ton descendant sol-la en deux demi-tons? — 320. Partagez au moyen d'un dièse le ton sol-la en deux demi-tons? — 321. Partagez au moyen d'un dièse le ton la-si en deux demi-tons? — 322. Partagez au moyen d'un bémol le ton si-la en deux demi-tons? — 323. Partagez au moyen d'un bémol le ton la-sol en deux demi-tons? — 324. Partagez au moyen d'un bémol le ton mi-ré en deux demi-tons?

DEVOIR

Copiez cet exercice, indiquez les temps, placez les barres de mesure et mettez les altérations demandées : 1re mesure, 2e NOTE, **dièse,** 4e NOTE, **dièse** | 2e mesure, 3e NOTE, **dièse** | 6e mesure, 2e NOTE, **dièse,** 4e NOTE, **dièse** | 7e mesure, 2e NOTE, **dièse**, 4e NOTE, **dièse** | 11e mesure, 1re NOTE, **bémol** | 12e mesure, 5e NOTE, **bémol.**

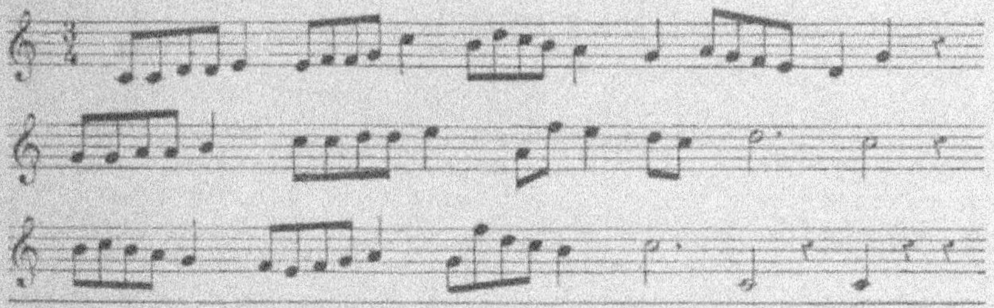

(a) La note altérée qui produit le demi-ton porte toujours le nom de l'une des deux notes à distance de ton.

EXERCICES (à solfier)

CLAIR DE LUNE

TRENTE-CINQUIÈME LEÇON

§ 1. L'effet d'un signe d'altération placé devant une note ne se prolonge pas au-delà de la mesure où il est placé : c'est un signe d'**altération accidentelle**.

(1) **Schumann** (Robert), célèbre compositeur, né à Zwickau (Saxe) en 1810, mort à Endenich en 1856.

§ 2. Lorsque ce même signe doit affecter toutes les notes de même nom, dans le courant du morceau, on le met immédiatement après la clef, au commencement de la portée, avant les chiffres indicateurs de la mesure : cet ensemble d'indications s'appelle l'**armature.**

§ 3. Ce dièse affecte tous les **fa** du morceau, que ceux-ci soient sur la cinquième ligne, dans le premier interligne ou en dehors de la portée.

§ 4. Ce bémol affecte tous les **si** du morceau, que ceux-ci soient sur la troisième ligne ou en dehors de la portée [a].

QUESTIONNAIRE

325. Jusqu'où se prolonge l'effet d'un signe d'altération placé devant une note dans une mesure ? — 326. Comment s'appelle ce genre d'altération ? — 327. Quand un signe d'altération doit affecter toutes les notes d'un même nom, dans le courant d'un morceau, où le place-t-on ? — 328. Comment s'appelle cet ensemble d'indications ? — 329. Sur quelle ligne se place le premier dièse à l'armature ? — 330. Sur quelle ligne se place le premier bémol à l'armature ?

DEVOIR

Copiez cet exercice, indiquez les temps, placez les barres de mesure et mettez les altérations demandées : 1re mesure, 6e NOTE, **dièse,** 8e NOTE, **dièse** | 2e mesure, 2e NOTE, **bécarre** [b], 3e NOTE, **bécarre** | 3e mesure, 6e NOTE, **bémol** | 5e mesure, 2e NOTE, **bémol** | 8e mesure, 3e NOTE, **dièse.**

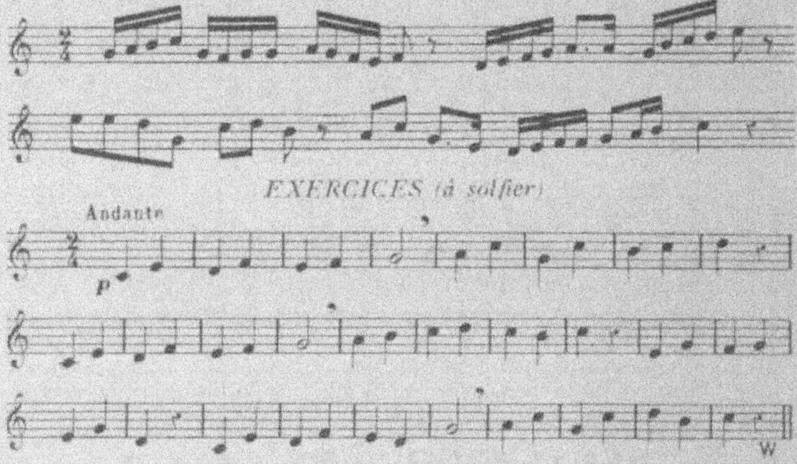

(a) Les dièses et bémols placés à la clef portent le nom d'**altérations constitutives**

Il est d'usage de les répéter à chaque nouvelle ligne du morceau, tandis que les chiffres ou signes indicateurs de la mesure ne s'écrivent qu'une fois pour toutes, au début.

Dans la musique manuscrite, il arrive même souvent qu'on ne répète rien, ni clef, ni armature, ni chiffres.

(b) Ces deux bécarres sont appelés bécarres de précaution. Ils ne sont pas d'une utilité absolue.

Moderato
ROD
Moderato
ROD
LE PATRE DU TYROL
TYROLIENNE
Quasi Allegretto
Seul tou - jours par - mi mes mon - ta - gnes Rien n'a -
- ni- me mon ho - ri - zon. Ma flûte est ma seu - le com - pa - gne, L'a - zur
le toit de ma mai - son. Et par les monts et par les
plai - nes Je m'en vais de l'aube au cou - chant Tout en
souf-flant à perdre ha - lei - ne Sur ma chè - re flûte au doux
chant Tra la la
Di - ri do-i di-a ou o di-a i do-i di-a ou o di-a i
do i di o di a ou o di ri o
3

A l'heure où la nuit tend ses voi - les, Je m'en -
- dors par - mi mes trou-peaux. Pour veil - leu - ses j'ai les é - toi - les Et
j'ai la lu - ne pour flam - beau. Les ser - po - lets et les ver -
- vei - nes Vien-nent em - bau - mer mon som - meil. Je m'é -
- veille à l'au - be pro - chai - ne Et je chante au nou-veau so -
dolce
- leil Tra la la
Di ri do i di a ou o di a i do i di a ou o di a i
do i di o di a ou o di ri o
3
Et je re-prends cha - que jour - né - e Le lent
tra-vail de cha-que jour, Et tous les jours de chaque an - né - e Je
re-com-mence en - cor, tou - jours. Ma so - li - tude est mo - no -
- to - ne, Mais je m'en con-sole en chan - tant. Tan - dis
qu'en ma flû - te qui son - ne Ma lè-vre fait pas - ser le
dolce
temps. Tra la la
Di ri do i di a ou o di a i do i di a ou o di a i
do i di o di a ou o di ri o
4
P.G.

TRENTE-SIXIÈME LEÇON

§ 1. Dans l'armature, les **dièses** se placent invariablement dans l'ordre suivant :

fa,do,sol,ré,la,mi,si.

Les **bémols** dans cet ordre : (a)

si,mi,la,ré,sol,do,fa.

§ 2. On doit remarquer que l'ordre des bémols est l'inverse de celui des dièses.

QUESTIONNAIRE

331. Quel est l'ordre des dièses? — 332. Dans quel interligne se place le deuxième dièse à l'armature? — 333. A quel endroit de la portée se place le troisième dièse à l'armature? — 334. Sur quelle ligne se place le quatrième dièse à l'armature? — 335. Quel est l'ordre des bémols? — 336. Que remarquez-vous dans l'ordre des bémols par rapport à celui des dièses? — 337. Dans quel interligne se place le cinquième dièse à l'armature? — 338. Dans quel interligne se place le sixième dièse à l'armature? — 339. Sur quelle ligne se place le septième dièse à l'armature? — 340. Dans quel interligne se place le deuxième bémol à l'armature? — 341. Dans quel interligne se place le troisième bémol à l'armature? — 342. Sur quelle ligne se place le quatrième bémol à l'armature? — 343. Sur quelle ligne se place le cinquième bémol à l'armature? — 344. Dans quel interligne se place le sixième bémol à l'armature? — 345. Dans quel interligne se place le septième bémol à l'armature?

DEVOIR

Écrivez : UNE ARMATURE de **trois dièses** | **six bémols** | **trois bémols** | **quatre dièses** | **sept dièses** | **sept bémols** | **deux dièses.** — Séparez chaque armature par une double barre.

EXERCICES (à solfier)

Exercice pour l'intonation du **Si** bémol et du **Mi** bémol.

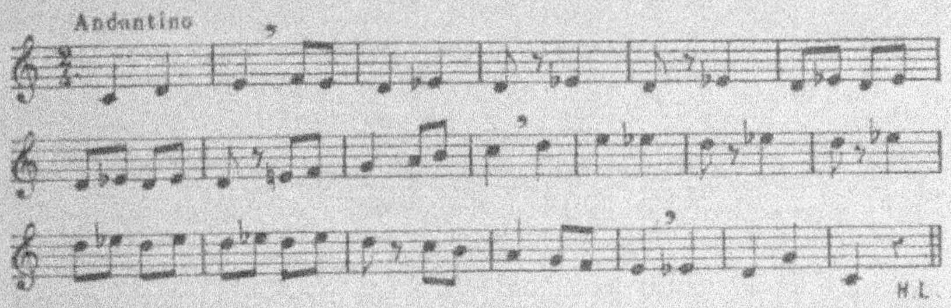

(a) Il en résulte qu'on n'a nul besoin de les lire; rien qu'en voyant leur nombre d'un coup d'œil, on connaît leurs noms.

De même, lorsqu'on dit qu'il y a **un** dièse à la clef, ce dièse est **fa**; s'il y en a **quatre**, ce sont **fa do sol ré**; lorsqu'on dit qu'il y a **deux** bémols à la clef, ce ne peut être que **si** et **mi**; s'il y en a **cinq**, ce sont **si mi la ré sol,** etc...

Exercice pour l'intonation des trois bémols **Si, Mi** et **La.**

Exercice pour l'étude du **Fa** dièse et de l'**Ut** dièse.

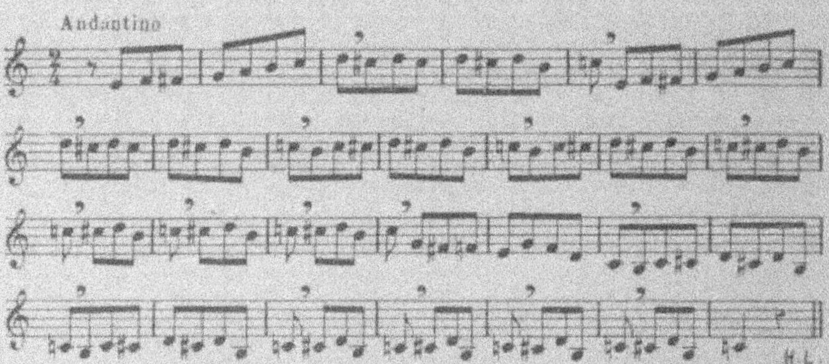

Exercice pour l'étude des trois dièses : **Fa, Ut** et **Sol.**

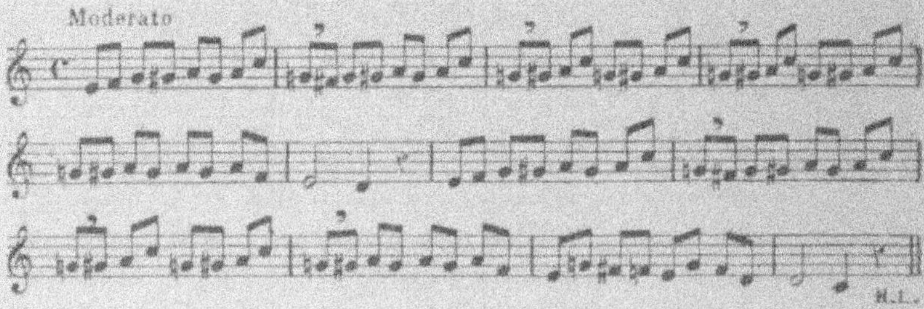

LA MOISSON

MARSCHNER (1)

(1) **Marschner** (Henri-Auguste), compositeur, né à Zittau (Allemagne) en 1795, mort à Hanovre en 1861.

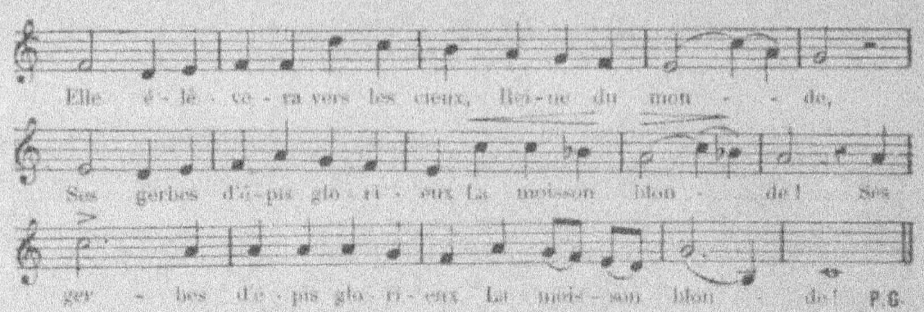

EXERCICES D'ÉCRITURE

L'élève devra s'habituer à écrire correctement une **armature,** *en plaçant dans l'ordre convenable, et bien juste à leur place, les dièses ou bémols appartenant à une tonalité quelconque.*

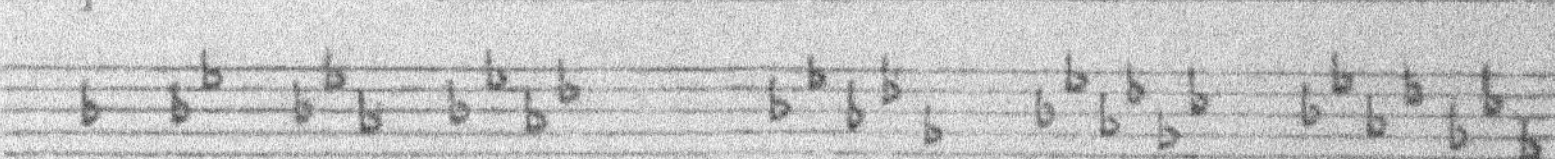

Il se souviendra que ce n'est qu'après ces signes d'altération **constitutifs** *que se place, pour compléter l'armature (et seulement une fois pour toutes, au début du morceau), la fraction indicatrice de la mesure.*

TRENTE-SEPTIÈME LEÇON

---

§ 1. Un ton peut toujours se diviser en deux demi-tons d'espèces différentes.

§ 2. Ces deux espèces de demi-tons sont : le **demi-ton diatonique** et le **demi-ton chromatique**.

1 ton — ½ ton chromatique — ½ ton diatonique

§ 3. Le demi-ton **diatonique** est celui qui se trouve entre deux notes de noms différents.

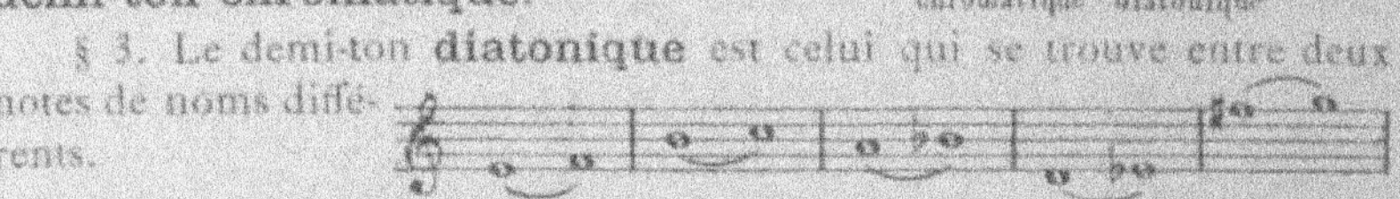

§ 4. Le demi-ton **chromatique** est celui qui se trouve entre deux notes de même nom, et dont l'une est toujours altérée.

1/2 ton chr. — 1/2 ton chr. — 1/2 ton chr. — 1/2 ton chr.

Ainsi, dans le ton , nous trouvons comme demi-ton chromatique et comme demi-ton diatonique ; ou bien encore comme demi-ton diatonique et comme demi-ton chromatique (a)

§ 5. Il faut remarquer, dans la division d'un ton en deux demi-tons, que si le premier demi-ton est chromatique, le second est diatonique ; au contraire, si le premier est diatonique, le second est chromatique.

QUESTIONNAIRE

346. Quelles sont les deux espèces de demi-tons ? — 347. Qu'est-ce qu'un demi-ton diatonique ? — 348. Qu'est-ce qu'un demi-ton chromatique ? — 349. Quelle est la note formant demi-ton diatonique supérieur avec mi ? — 350. Quelle est la note formant demi-ton diatonique inférieur avec mi ? — 351. Quelle est la note formant demi-ton chromatique supérieur avec mi ? — 352. Quelle est la note formant demi-ton chromatique inférieur avec mi ? — 353. Dites les espèces des demi-tons suivants : ré ♭, ré ♯ ? — 354. Mi ♭, mi ♯ ? — 355. La, la ♯ ? — 356. Sol, sol ♭ ? — 357. Do ♯, ré ? — 358. Ré ♯, mi ? — 359. Fa, fa ♯ ? — 360. Si ♭, si ♯ ? — 361. Mi ♯, fa ♯ ?

DEVOIR

Copiez cet exercice, mettez les barres de mesure, et indiquez les demi-tons diatoniques et les demi-tons chromatiques.

EXERCICES (*à solfier*)

Exercice pour l'étude des quatre dièses : **Fa, Ut, Sol** et **Ré.**

(a) Théoriquement, le demi-ton chromatique est un peu plus grand que le demi-ton diatonique. Sur les instruments à cordes (violon, violoncelle...), cette légère différence est parfaitement sensible, ainsi que les chanteurs qui chantent absolument juste ; elle disparaît complètement sur les instruments à clavier (piano, orgue...), dont c'est un défaut.

Exercice pour l'intonation des quatre bémols **Si, Mi, La** et **Ré.**

TRENTE-HUITIÈME LEÇON

§ 1. Les **degrés** de la gamme ont chacun un nom particulier : Le PREMIER DEGRÉ se nomme **Tonique** (*qui désigne le ton*). — Le DEUXIÈME DEGRÉ se nomme **Sus-tonique** (*au-dessus de la tonique*). — Le TROISIÈME DEGRÉ se nomme **Médiante** (*entre la tonique et la dominante*). — Le QUATRIÈME DEGRÉ se nomme **Sous-dominante** (*au-dessous de la dominante*). — Le CINQUIÈME DEGRÉ se nomme **Dominante** (*la note la plus importante après la tonique*). — Le SIXIÈME DEGRÉ se nomme **Sus-dominante** (*au-dessous de la dominante*). — Le SEPTIÈME DEGRÉ se nomme **Sensible** (*qui annonce la tonique*).

(1) **Mendelssohn Bartholdy** (FÉLIX), célèbre compositeur, né à Hambourg (Allemagne) en 1809, mort à Leipsig en 1847.

Gamme de **Do Majeur**.

§ 2. De plus, on donne le nom de **Notes tonales** aux 1er, 4e et 5e degrés (DO, FA, SOL, dans la gamme modèle) et le nom de **Notes modales** aux 3e, 6e et 7e degrés (MI, LA, SI, dans la gamme modèle).

§ 3. On observera qu'entre une note tonale et la note modale correspondante, il y a un **intervalle de tierce** (a).

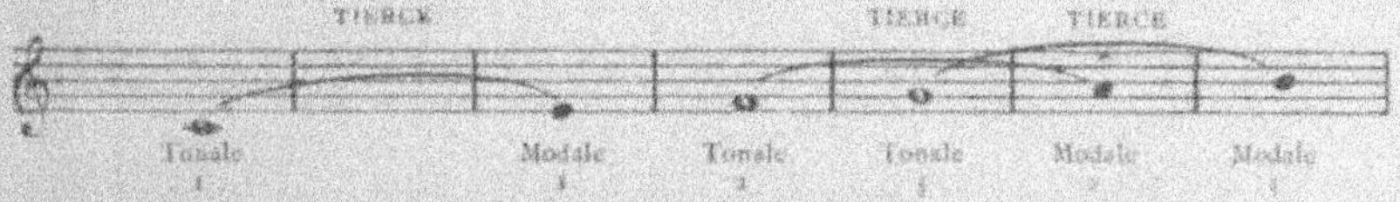

QUESTIONNAIRE

362. Comment s'appelle le premier degré de la gamme? — 363. Le second degré? — 364. Le troisième degré? — 365. Le quatrième degré? — 366. Le cinquième degré? — 367. Le sixième degré? — 368. Le septième degré? — 369. Quels degrés occupent les notes tonales? — 370. Quels degrés occupent les notes modales? — 371. Dans la gamme de Do Majeur, quelle est la note formant Sensible? — 372. Quelle est la note formant Dominante? — 373. Quelle est la note formant Médiante? — 374. Dans cette même gamme, quelles sont les notes tonales? — 375. Quelles sont les notes modales? — 376. Toujours dans cette même gamme, quelle est la note formant Sus-tonique?

DEVOIR

Ecrivez l'exercice suivant et faites les demi-tons demandés.

EXERCICES (à solfier)

Exercice en **Ut** mode majeur, avec les quatre premiers bémols accidentels.

(a) Seul, le 2me degré, sus-tonique, n'est qualifié ni tonal, ni modal. On en verra la raison plus tard.

Pour l'instant, il importe de retenir que les notes **Tonales** sont : la **Tonique**, la **Sous-dominante** et la **Dominante**; et les notes **Modales** : la **Médiante**, la **Sus-dominante** et la **note Sensible**.

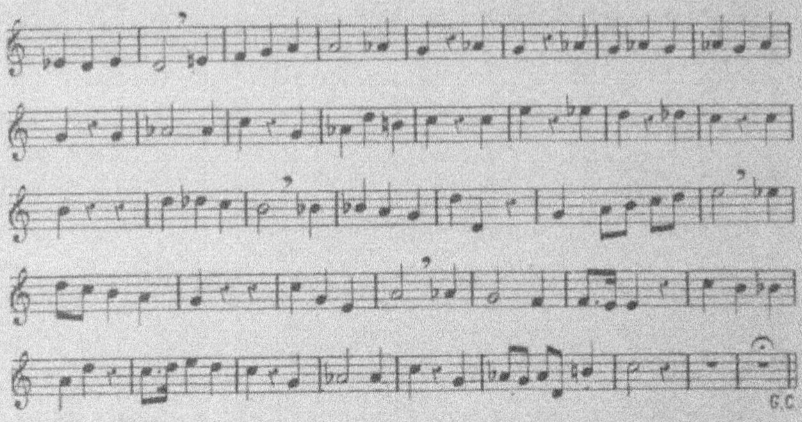

Exercice pour l'étude des cinq dièses : **Fa, Ut, Sol, Ré** et **La**.

LA DERNIERE ROSE

MÉLODIE IRLANDAISE (a)

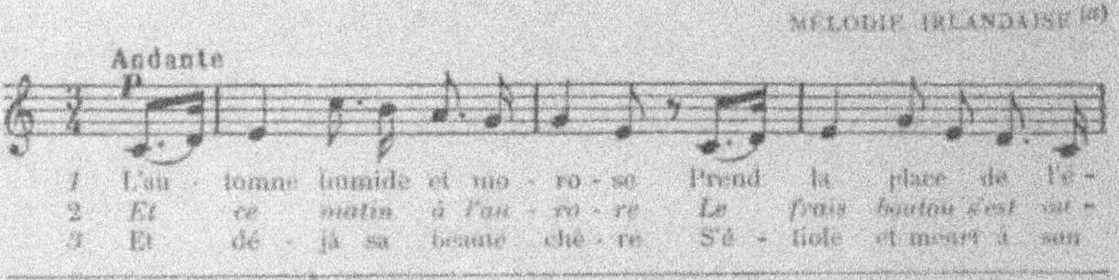

(a) Cette mélodie a été intercalée dans deux opéras célèbres : *Martha*, de **Flotow**, et *Hamlet*, d'**Ambroise Thomas**.

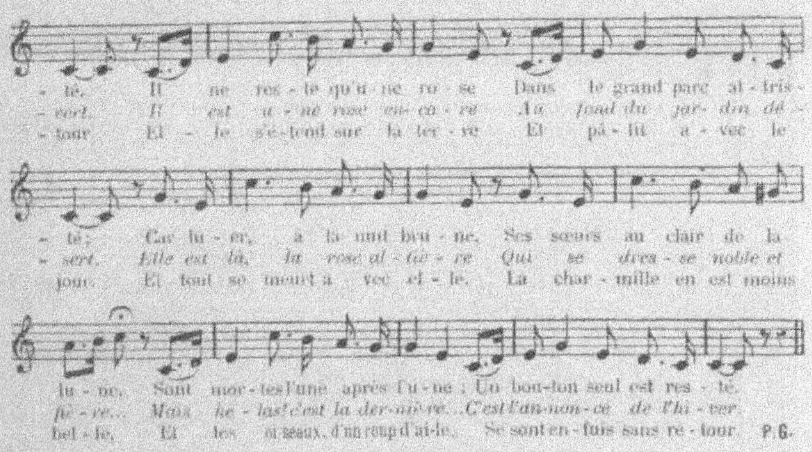

TRENTE-NEUVIÈME LEÇON

§ 1. Nous avons vu que la Gamme modèle est formée de cinq tons et deux demi-tons : c'est la **gamme diatonique** [a] **majeure**.

§ 2. On construit d'autres gammes en partant de n'importe quelle note, pourvu qu'on ait soin de placer les tons et les demi-tons dans l'ordre de la gamme modèle [b].

§ 3. C'est au moyen des altérations de notes qu'on obtient ce résultat.

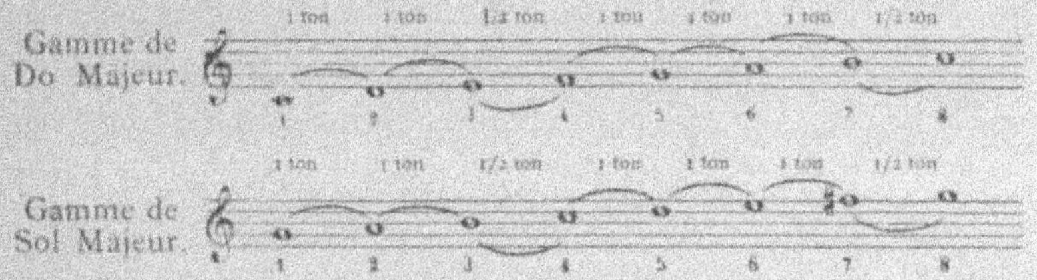

Dans cette dernière gamme, on voit l'utilité des altérations : le **dièse**, haussant le **fa** d'un demi-ton, l'éloigne d'un ton de **mi**, comme l'exige l'ordre de la gamme modèle : un ton du 6e au 7e degré; et il le rapproche d'un demi-ton de **sol** (un demi-ton du 7e au 8e degré).

(a) Diatonique veut dire : qui procède par tons et demi-tons successifs.

(b) Toutes les gammes majeures sont semblables, quant à la disposition de leurs degrés, à la gamme modèle d'**Ut**. Mais leur point de départ étant différent, on est forcé, pour obtenir cette similitude parfaite, d'altérer certaines notes.

§ 4. Dans la gamme de **Sol Majeur**, le **fa** étant toujours diésé, on place le signe ♯ sur la cinquième ligne de la portée, après la clef, et avant les chiffres indicateurs de la mesure.

(Le ♯ placé à l'armature, affecte tous les **fa**, graves ou aigus.)

QUESTIONNAIRE

377. Quelle est l'armature de la gamme de Sol Majeur? — 378. Expliquez l'utilité du dièse dans la gamme de Sol Majeur? — 379. Quelle est la Médiante de cette gamme? — 380. Quelle est la Dominante? — 381. Quelle est la Sensible? — 382. Quelle est la Sous-dominante?

DEVOIR

Ecrivez au-dessous de chaque note le nom du degré correspondant à cette note.

Ton de **Do Majeur**.

Ton de **Sol Majeur**.

Gamme du ton de **Sol**, mode majeur.

Lento

Exercice en **Sol**, mode majeur *(à solfier)*.

MARCHE DE CONSCRITS

AIR MILITAIRE

QUARANTIÈME LEÇON

§ 1. Le mot **ton**, qui indique le plus grand intervalle séparant deux degrés conjoints, a une autre signification; ton veut dire aussi l'**ensemble des sons d'une gamme** (a).

§ 2. Un morceau de musique, quel qu'il soit, est écrit au moyen des sons d'une gamme.

§ 3. On dit d'un morceau de musique : il est en tel ton et non en telle gamme.

Cet exemple est dans le ton de **Sol Majeur**.

QUESTIONNAIRE

383. Quelle est la deuxième signification du mot Ton? — 384. Dit-on d'un morceau de musique, il est en telle gamme? — 385. Que signifie « Tonique »? — 386. Que signifie « Sensible »? — 387. Que signifie « Dominante »? — 388. Que signifie « Sous-Dominante »? — 389. Que signifie « Médiante »? — 390. Que signifie « Sus-tonique »? — 391. Que signifie « Sus-dominante »?

DEVOIR

Ajoutez ce qui manque aux mesures ci-dessous pour qu'elles soient correctement écrites :

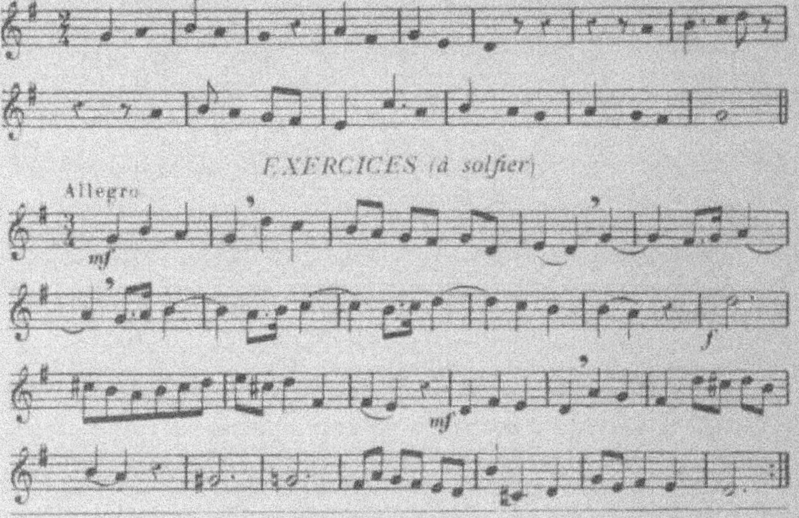

EXERCICES (à solfier)

(a) Une pauvreté de la langue musicale française veut que ce même mot ait deux significations distinctes.

Elles sont heureusement si différentes qu'il est rare qu'une confusion puisse se produire.

LES CHATS

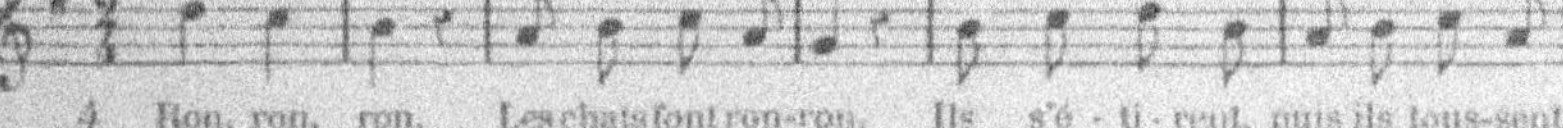

Ce qui plis - se leur fri-mous-se. Ron, ron, ron, Ils s'é - ti - re - ront.
Ils hé - ris - sent leur mous-ta-che, Ron, ron, ron, Fai-sant leurs yeux ronds.
Quand au-ront fait leur toi - let - te, Ron, ron, ron, Re-com-men-ce - ront.

P. G.

QUARANTE-ET-UNIÈME LEÇON

§ 1. Après la gamme de Sol Majeur vient celle de **Ré Majeur** qui a deux dièses à la clef : **fa** et **do**.

§ 2. Le **premier dièse** haussant le **fa** d'un demi-ton l'éloigne d'un ton de **mi** et le rapproche d'un demi-ton de **sol**, ce qui donne bien un ton du deuxième au troisième degré et un demi-ton du troisième au quatrième, le **deuxième dièse** qui hausse le **do** d'un demi-ton l'éloigne d'un ton de **si** et le rapproche d'un demi-ton de **ré**, ce qui donne bien un ton du sixième au septième degré et un demi-ton du septième au huitième.

Gamme de **Ré Majeur**.

1/2 ton 1/2 ton

§ 3. L'élève se rappellera que la **Sensible** est toujours à un demi-ton de la tonique.

§ 4. La gamme de **La Majeur** qui vient après celle de Ré Majeur a trois dièses à l'armature : FA, DO, SOL.

§ 5. Le **premier dièse** haussant le **fa** d'un demi-ton l'éloigne d'un ton de **mi** (un ton du 5e au 6e degré) ; le **deuxième dièse** qui hausse le **do** d'un demi-ton l'éloigne d'un ton de **si** et le rapproche d'un demi-ton de **ré** (un ton du 2e au 3e degré et un demi-ton du 3e au 4e) ; enfin le **troisième dièse** qui hausse le **sol** d'un demi-ton l'éloigne d'un ton de **fa dièse** et le rapproche d'un demi-ton de **la** (un ton du 6e au 7e degré et un demi-ton du 7e au 8e).

Gamme de **La Majeur**.

1/2 ton 1/2 ton

§ 6. En plus de la gamme de Do Majeur, il y a **sept gammes diésées majeures : Sol, Ré, La, Mi, Si, Fa dièse, Do dièse**, et **sept gammes bémolisées majeures : Fa, Si bémol, Mi bémol, La bémol, Ré bémol, Sol bémol, Do bémol** (a).

§ 7. Il faut remarquer que les gammes diésées se succèdent par **quintes ascendantes** tandis que les gammes bémolisées se succèdent par **quintes descendantes**.

Gamme du ton de **Ré**, mode majeur.

(a) Il existe donc en tout 15 gammes majeures : **une** (la gamme modèle), sans altération aucune ; **sept**, avec dièses ; et **sept**, avec bémols. Les plus usitées sont celles qui contiennent le moins d'altérations.

EXERCICES (à solfier)

Exercice en **Ré**, mode majeur.

QUESTIONNAIRE

392. Quelle gamme vient après celle de Sol Majeur? — 393. Quelle est l'armature de la gamme de Ré Majeur? — 394. Expliquez l'utilité, dans cette gamme, du premier dièse? — 395. Expliquez l'utilité du deuxième dièse? — 396. A quel intervalle la Sensible est-elle de la Tonique? — 397. Quelle gamme vient après celle de Ré Majeur? — 398. Quelle est l'armature de la gamme de La Majeur? — 399. Expliquez l'utilité, dans la gamme de La Majeur, du premier dièse? — 400. Expliquez l'utilité du deuxième dièse? — 401. Expliquez l'utilité du troisième dièse? — 402. En plus de la gamme de Do Majeur, combien y a-t-il de gammes diésées Majeures? — 403. — Combien y a-t-il de gammes bémolisées Majeures? — 404. Comment se succèdent les gammes diésées? — 405. Comment se succèdent les gammes bémolisées?

DEVOIR

Ecrivez les gammes suivantes : **Sol, Ré, La Majeurs**. — Gammes ascendantes et gammes descendantes (en tout seize mesures par gamme). — Gamme de **Sol Majeur** à deux-quatre (une note par mesure). — Gamme de **Ré Majeur** à trois-quatre (une note par mesure). — Gamme de **La Majeur** à quatre-quatre (une note par mesure).

LES VILLAGES

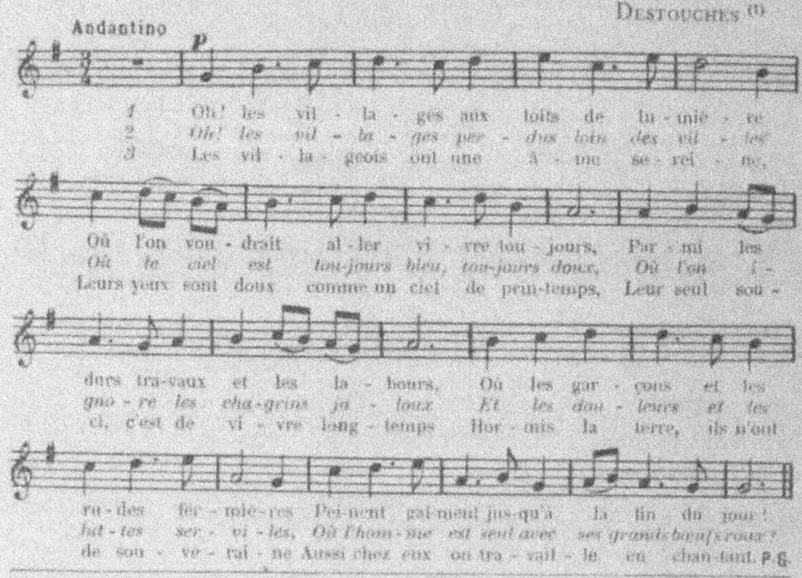

(1) **Destouches** (André-Cardinal), compositeur, né à Paris en 1672, mort à Paris en 1749.

QUARANTE-DEUXIÈME LEÇON

§ 1. La première des gammes bémolisées majeures est la gamme de **Fa** qui a un bémol à l'armature : **Si.** Cette gamme est construite sur le même plan que la gamme modèle.

§ 2. Le **bémol** abaissant le **si** d'un demi-ton le rapproche de **la** ce qui donne bien un demi-ton du 3e au 4e degré.

Gamme de **Fa Majeur**.

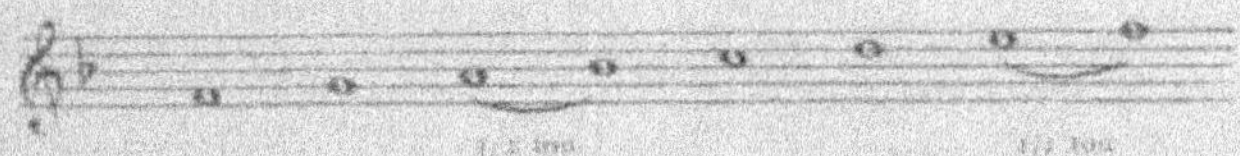

§ 3. La seconde gamme bémolisée est celle de **Si bémol**. L'armature comporte deux bémols : **Si** et **Mi.**

§ 4. Le **premier bémol** abaissant le **si** d'un demi-ton l'éloigne d'un ton de **do,** ce qui donne un ton du 1er au 2e degré ; il le rapproche d'un demi-ton de **la,** qui donne bien un demi-ton du 7e au 8e degré.

§ 5. Le **deuxième bémol** qui abaisse le **mi** d'un demi-ton le rapproche de **ré** (un demi-ton du 3e au 4e degré) et l'éloigne d'un ton de **fa** (un ton du 4e au 5e degré).

Gamme de **Si bémol Majeur**.

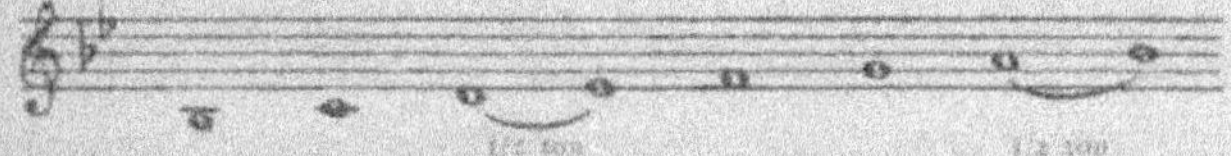

§ 6. La troisième gamme bémolisée est celle de **Mi bémol**. L'armature comporte trois bémols : **Si**, **Mi**, **La**.

§ 7. Le **premier bémol** qui abaisse le **Si** d'un demi-ton l'éloigne d'un ton de **Do** (un ton du 5e au 6e degré; le **deuxième bémol** qui abaisse le **Mi** d'un demi-ton l'éloigne d'un ton de **fa** (un ton du 1er au 2e degré) et le rapproche d'un demi-ton de **ré** (un demi-ton du 7e au 8e degré) ; le **troisième bémol** qui abaisse le **la** d'un demi-ton le rapproche de **sol** (un demi-ton du 3e au 4e degré) et l'éloigne d'un ton de **si bémol** (un ton du 4e au 5e degré).

Gamme de **Mi bémol Majeur.** (a)

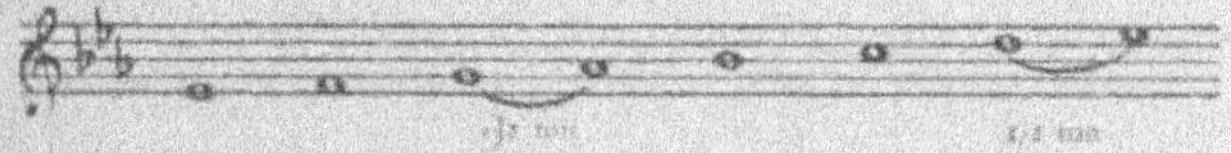

QUESTIONNAIRE

406. Quelle est la première des gammes bémolisées majeures ? — 407. Quelle est son armature ? — 408. Expliquez, dans cette gamme, l'utilité du bémol ? — 409. Quelle gamme vient après celle de Fa Majeur ?

(a) Dans le cours de première année nous ne ferons usage que des trois premières gammes majeures diésées et des trois premières gammes majeures bémolisées.

— 410. Quelle est l'armature de la gamme de Si bémol Majeur? — 411. Expliquez l'utilité du premier bémol? — 412. Expliquez l'utilité du second bémol? — 413. Quelle gamme vient après celle de Si bémol Majeur? — 414. Quelle est l'armature de la gamme de Mi bémol Majeur? 415. Expliquez l'utilité du premier bémol? — 416. Expliquez l'utilité du second bémol? — 417. Expliquez l'utilité du troisième bémol?

DEVOIR

Écrivez les gammes suivantes : **Fa, Si ♭** et **Mi ♭ Majeurs**. — Gammes ascendantes et gammes descendantes (en tout seize mesures par gamme). — Gamme de **Fa Majeur** trois-quatre (une note par mesure). — Gamme de **Si ♭ Majeur** quatre-quatre (une note par mesure). — Gamme de **Mi ♭ Majeur** deux-quatre (une note par mesure).

Gamme du ton de **Fa,** mode majeur.

EXERCICES (à solfier)

Leçons en **Fa**, mode majeur.

BERCEUSE

F. SCHUBERT (1)

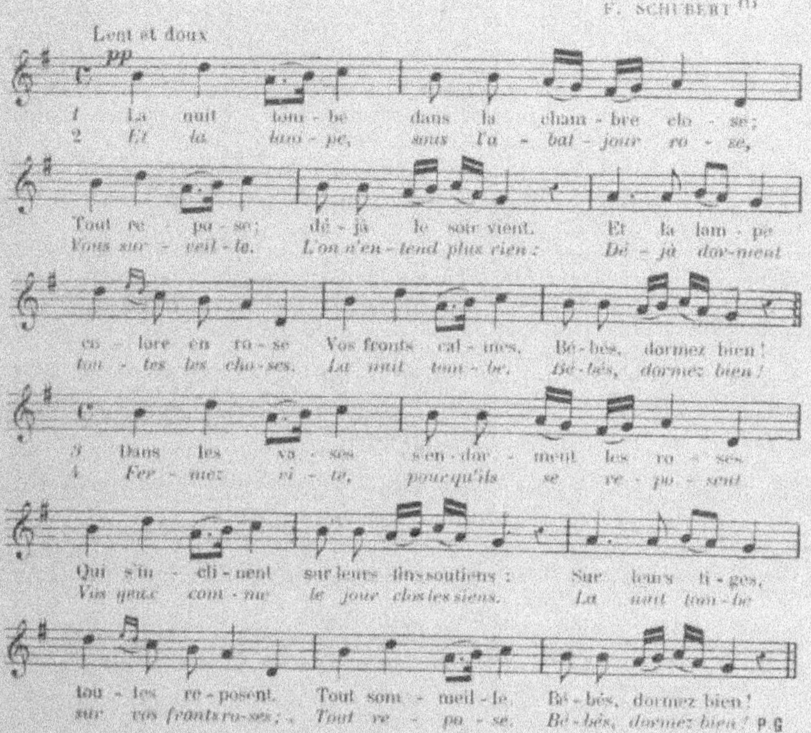

QUARANTE-TROISIÈME LEÇON

MESURES COMPOSÉES OU TERNAIRES

§ 1. Les **mesures composées** ou **ternaires** sont celles dont chaque valeur de temps est divisible par trois : telles que la blanche pointée 𝅗𝅥. qui contient trois noires, la noire pointée ♩. qui contient trois croches, etc...

§ 2. Les mesures composées découlent des mesures simples; chaque mesure simple a sa mesure composée correspondante, et réciproquement.

§ 3. Le nombre des temps est toujours le même pour une mesure simple et sa mesure composée.

---

(1) **Schubert** (François-Pierre) célèbre compositeur, né à Lichtenthal (Autriche) en 1797, mort à Vienne en 1828.

§ 4. On rend composée une mesure simple en ajoutant un point à la valeur de note du temps simple.

§ 5. Si la valeur de note du temps simple est une noire, la valeur de note du temps composé sera une noire pointée.

§ 6. On voit tout de suite la différence qui existe entre un **temps binaire** et un **temps ternaire.** La division d'une noire en deux croches étant division binaire, la division d'une noire pointée en trois croches s'appelle division ternaire [a].

QUESTIONNAIRE

418. Quelles sont les mesures composées ou ternaires? — 419. D'où découlent les mesures composées? — 420. Le nombre des temps est-il le même pour une mesure simple et sa mesure composée? — 421. Comment rend-t-on une mesure simple composée? — 422. Si la valeur de note du temps simple est une noire, quelle sera la valeur de note du temps composé? — 423. Comment s'appelle la division d'une note pointée?

DEVOIR

Ajoutez ce qui manque aux mesures ci-dessous en ne touchant ni aux noires, ni aux silences.

(a) **Ternaire** veut dire : divisible par trois.

Ce qui caractérise une mesure composée, c'est donc la division ternaire de chacun de ses temps, quel que soit d'ailleurs le nombre de ces temps; mais la **subdivision** des temps reste binaire.

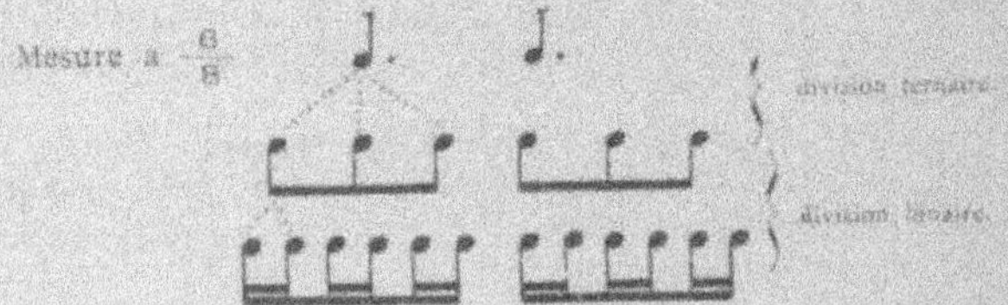

(Cette remarque a déjà été faite, page 52, en ce qui concerne la valeur des notes; elle s'applique également à la division des temps d'une mesure composée).

Gamme du ton de Si ♭, mode majeur
Lento
Exercices en Si ♭, mode majeur (à solfier)
Moderato
mf
f
mf
ROD
Andantino
dolce
p
fz
fz
H.L.
Gamme du ton de Mi ♭, mode majeur.
Lento
Exercice en Mi ♭, mode majeur (à solfier).
Moderato
J.G.

LE CHEMIN

(MARCHE) BEETHOVEN (1)

QUARANTE-QUATRIÈME LEÇON

§ 1. Dans la mesure $\frac{2}{4}$, on a une noire par temps; dans sa mesure composée, on a une noire pointée par temps.

§ 2. La **noire pointée** vaut trois croches, **deux noires pointées** en valent six.

§ 3. Nous avons donc, au lieu de deux croches par temps comme dans la mesure $\frac{2}{4}$, trois croches par temps dans sa mesure composée, et six croches pour la mesure entière.

§ 4. Cette mesure se chiffre $\frac{6}{8}$ (*soit six huitièmes de la ronde ou six croches*).

---

(1) **Beethoven** (Ludwig van), célèbre compositeur, né à Bonn (Prusse), en 1770, mort à Vienne, en 1827.

§ 5. Le **numérateur 6** indique que la mesure est divisée en six parties dont la valeur est représentée par le dénominateur.

§ 6. Le **dénominateur 8** indique que chacune de ces parties est une croche (*un huitième de ronde*)[(a)].

QUESTIONNAIRE

424. Quelle valeur de note a-t-on par temps dans la mesure composée correspondante de $\frac{2}{4}$? — 425. Comment se chiffre cette mesure ? — 426. Que veut dire le numérateur ? — 427. Que veut dire le dénominateur ? — 428. Combien la mesure $\frac{6}{8}$ contient-elle de croches ?

DEVOIR

Ajoutez ce qui manque aux mesures ci-dessous en ne touchant ni aux noires ni aux silences.

(a) Voir 6me Leçon, § 3.

LES MOULINS

BEETHOVEN

Tempo di minuetto

p

1 Dans la plaine, en plein vent, Les mou - lins ten-dent leurs
2 *Gai mou - lin, mouds le blé, Tout le jour, la nuit en -*
3 Mouds en - cor, mouds tou - jours Et fais - nous fa - ri - ne

ai - les, Et le vent en a - vant Fait tour - ner leurs grands bras
tière. Pour em - plir le gre - nier Le gre - nier de ton meu -
bel - le; Mouds la nuit, mouds le jour, Mouds tout le blé d'a - len -

blancs. Mouds ton grain Beau mou - lin Tourne au vent comme u - ne blanche oi -
- nier, Gre - nier plein Beau mou - lin En - ri - chi - ra la bel - le meu -
tour. Le cha - grin Beau mou - lin Fuit les lieux où tour - nent les deux

p

- sel - le. Dans la plaine, en plein vent, Les mou - lins ten-dent leurs
- niè - re. Gai mou - lin, mouds le blé, Tout le jour, la nuit en -
- ai - les. Mouds enco - re, mouds tou - jours, Et fais - nous fa - ri - ne

ai - les, Et le vent en a - vant Fait tour - ner leurs grands bras blancs.
- tiè - re, Pour em - plir le gre - nier Le gre - nier de ton meu - nier.
bel - le; Mouds la nuit, mouds le jour, Mouds tout le blé d'a - len - tour. P. G.

QUARANTE-CINQUIÈME LEÇON

§ 1. Comme la mesure $\frac{2}{4}$, la mesure $\frac{6}{8}$ se bat à deux temps.

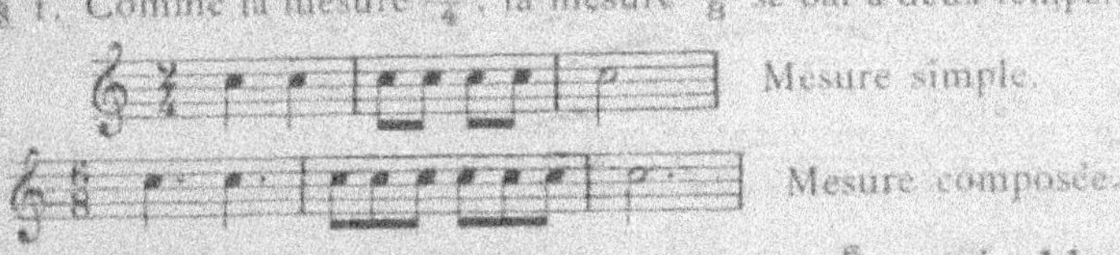

§ 2. L'**unité de mesure** de la mesure $\frac{6}{8}$ est la **blanche pointée** 𝅗𝅥. L'**unité de temps** est la **noire pointée** ♩.

§ 3. La pause est le silence de la mesure entière (a).

§ 4. Chaque temps, en silences, est représenté par un soupir suivi d'un demi-soupir : 𝄽 𝄾, le soupir ne se pointant pas.

QUESTIONNAIRE

429. A combien de temps se bat la mesure $\frac{6}{8}$? — 430. Quelle est l'unité de mesure dans la mesure $\frac{6}{8}$? — 431. Quelle est l'unité de temps ? — 432. Quel est le silence de la mesure entière ? — 433. Comment représente-t-on en silences, chaque temps ? — 434. Pourquoi emploie-t-on deux silences pour représenter un temps ? — 435. Combien chaque temps de la mesure $\frac{6}{8}$ contient-il de croches ?

DEVOIR

Écrivez l'exercice suivant. **Mesure six-huit** : 1re mesure, DO **grave**, MI, **noires pointées** | 2e mesure, RÉ **noire pointée**, **silences** | 3e mesure, RÉ, MI, FA, SOL, LA, SI, **croches** | 4e mesure, DO, **noire pointée, silences** | 5e mesure, **silence** | 6e mesure, RÉ **aigu**, DO, SI, LA, SOL, FA, **croches** | 7e mesure, MI **noire**, FA **croche**, SOL **noire, demi-soupir** | 8e mesure, SOL, FA ♯, SOL, **croches**, LA **noire**, SI **croche** | 9e mesure, DO, **noire pointée, silences** | 10e mesure, DO **grave, blanche pointée, point d'orgue**.

LEÇONS POUR LA MESURE A SIX-HUIT

Une noire pointée ou trois croches pour un temps.

(a) Ici la pause représente donc une blanche pointée, comme dans la mesure 3/4.

(1) **Haydn** (François-Joseph), célèbre compositeur, né à Rochau (Autriche-Hongrie) en 1732, mort à Vienne en 1809.

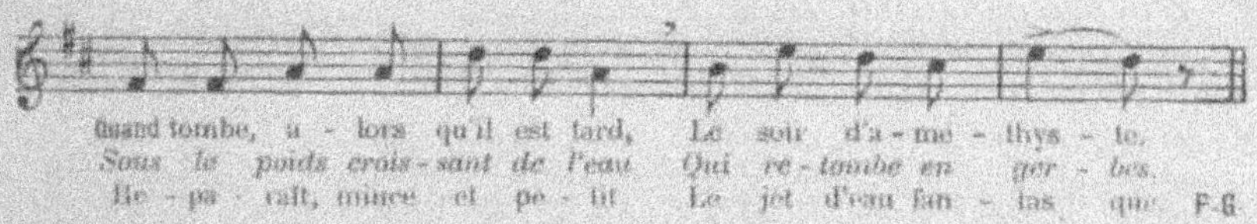

QUARANTE-SIXIÈME LEÇON

§ 1. La mesure composée $\frac{9}{8}$ est la mesure correspondante de la mesure simple $\frac{3}{4}$; comme cette dernière, elle se bat à trois temps.

§ 2. La mesure $\frac{9}{8}$ contient neuf huitièmes de ronde, c'est-à-dire neuf croches (trois croches par temps).

§ 3. Le *numérateur* 9 indique que la mesure est divisée en neuf parties dont la valeur est représentée par le dénominateur.

§ 4. Le *dénominateur* 8 indique que chacune de ces parties est une croche [(a)].

QUESTIONNAIRE

436. Quelle est la mesure composée correspondante de $\frac{3}{4}$? — 437. A combien de temps se bat la mesure $\frac{9}{8}$? — 438. Combien cette mesure contient-elle de croches ? — 439. Combien par temps ? — 440. Qu'indique le numérateur ? — 441. Qu'indique le dénominateur ?

DEVOIR

Transformez l'exercice ci-dessous en mesure $\frac{6}{8}$.

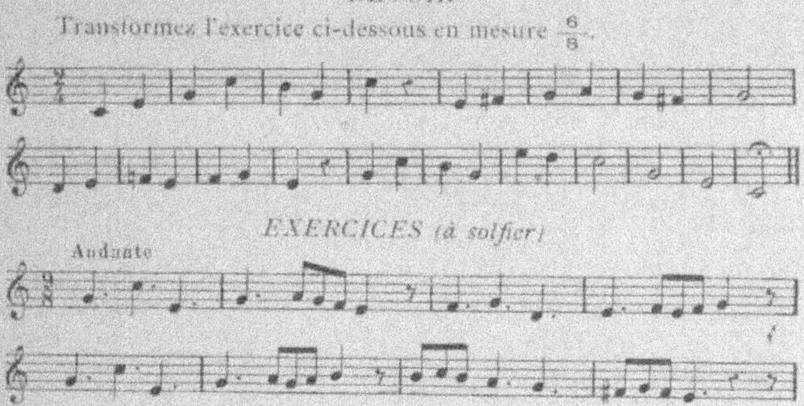

(a) Voir 6me Leçon, § 3.

LES GLANEUSES

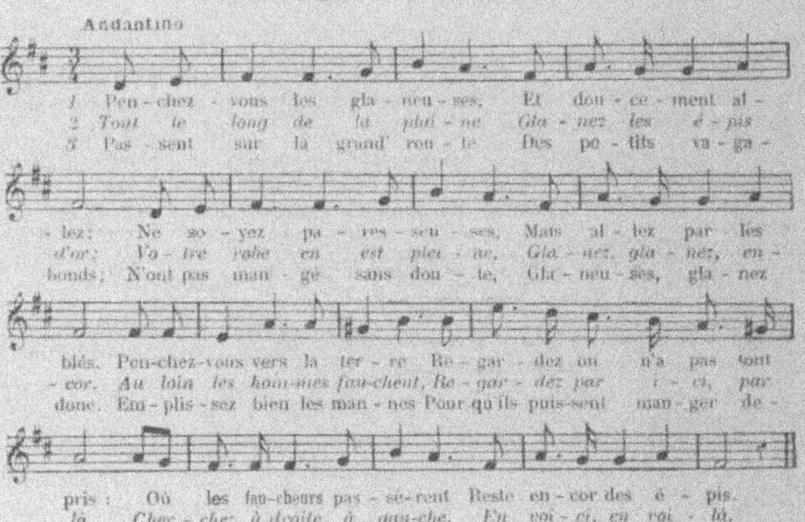

QUARANTE-SEPTIÈME LEÇON

§ 1. L'**unité de mesure** de la mesure $\frac{9}{8}$ est une **blanche pointée liée à une noire pointée** puisqu'il n'existe pas de valeur de note qui vaille exactement neuf croches.

§ 2. L'**unité de temps** est la **noire pointée** . . . .

§ 3. Chaque temps, en silences, est représenté par un soupir suivi d'un demi-soupir . . . .

§ 4. La mesure entière représentée en silences, sera : puisque la mesure $\frac{9}{8}$ (neuf croches) excède la valeur de la ronde (huit croches) (a).

(a) Pourtant quelques auteurs emploient la pause, ce qui est plus simple et tout aussi clair. En ce cas la pause équivaut à neuf croches.

QUESTIONNAIRE

442. Quelle est l'unité de mesure de la mesure $\frac{9}{8}$? — 443. Pourquoi n'est-elle pas représentée par une seule valeur de note ? — 444. Quelle est l'unité de temps ? — 445. Combien la mesure $\frac{9}{8}$ contient-elle de noires pointées ? — 446. Comment est représenté chaque temps, en silences ? — 447. Comment est représentée la mesure entière, en silences ? — 448. Pourquoi n'emploie-t-on pas la pause comme silence de la mesure entière ?

DEVOIR

Transcrivez cet exercice à $\frac{9}{8}$.

EXERCICES (à solfier)

LA FANCHONNETTE

Clapisson [1]

(1) **Clapisson** (Antonin-Louis), compositeur français, né à Naples en 1808, mort à Paris en 1866.

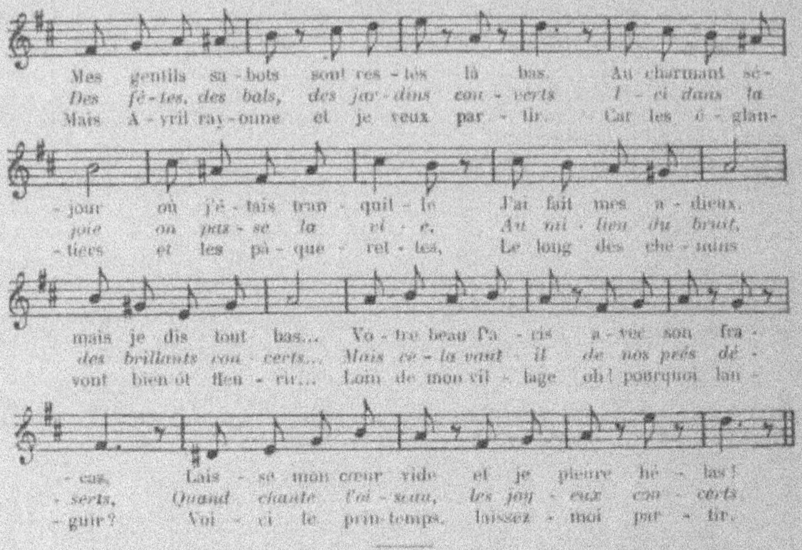

QUARANTE-HUITIÈME LEÇON

§ 1. La mesure composée $\frac{12}{8}$ est la mesure correspondante de la mesure simple **C**; comme cette dernière elle se bat à quatre temps.

§ 2. La mesure $\frac{12}{8}$ contient douze huitièmes de ronde, c'est-à-dire douze croches (trois croches par temps).

§ 3. Le ***numérateur*** 12 indique que la mesure est divisée en douze parties dont la valeur est représentée par le dénominateur.

§ 4. Le ***dénominateur*** 8 indique que chacune de ces parties est une croche[(a)].

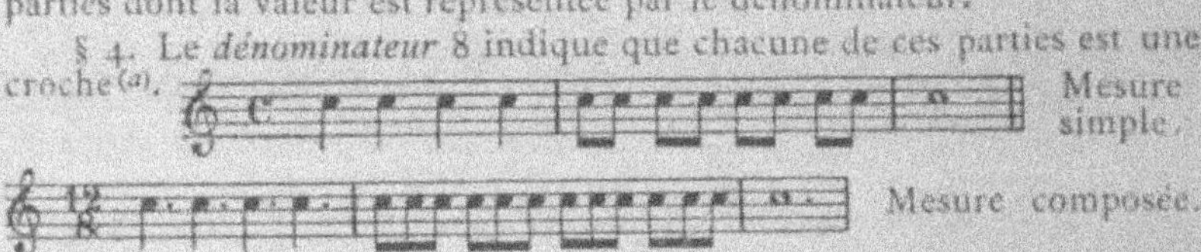

Mesure simple.

Mesure composée.

QUESTIONNAIRE

449. Quelle est la mesure composée correspondante de la mesure C? — 450. A combien de temps se bat la mesure $\frac{12}{8}$? — 451. Combien la mesure $\frac{12}{8}$ contient-elle de croches? — 452. Combien en contient-elle par temps? — 453. Qu'indique le numérateur? — 454. Qu'indique le dénominateur?

(a) Voir 6me Leçon, § 3.

DEVOIR

Écrivez l'exercice suivant à **neuf-huit :** 1re mesure, DO, RÉ, MI, **croches,** FA, **noire pointée.** SOL, LA, SI, **croches** | 2e mesure, DO, SI, LA, **croches,** SOL, **noire pointée,** MI **noire, un silence** | 3e mesure, FA, SOL, FA, **croches,** RÉ, **noire pointée**, SOL, **noire, un silence** | 4e mesure, MI, FA, RÉ, **croches,** DO, **noire pointée**, **deux silences** | 5e mesure, MI, FA, FA **dièse**, **croches,** SOL, **noire pointée,** LA **noire,** SI **bémol, croche** | 6e mesure, LA, SI **bémol,** DO, **croches,** FA, **blanche pointée** | 7e mesure, SOL, LA, SI, **bémol**, **croches**, LA, **noire pointée**, DO **dièse,** RÉ, MI, **croches** | 8e mesure, FA **aigu,** FA **grave,** SOL, **croches** LA, **blanche pointée** | 9e mesure, RÉ **aigu**, **blanche pointée,** RÉ **grave,** MI, FA, **croches** | 10e mesure, MI, FA, SOL, **croches**, DO, **noire pointée,** MI **grave, noire, un silence** | 11e mesure, **un silence**, RÉ, MI, FA, SOL, LA, SI, DO, RÉ, **croches** | 12e mesure, DO, **blanche pointée, deux silences**.

EXERCICES (à solfier)

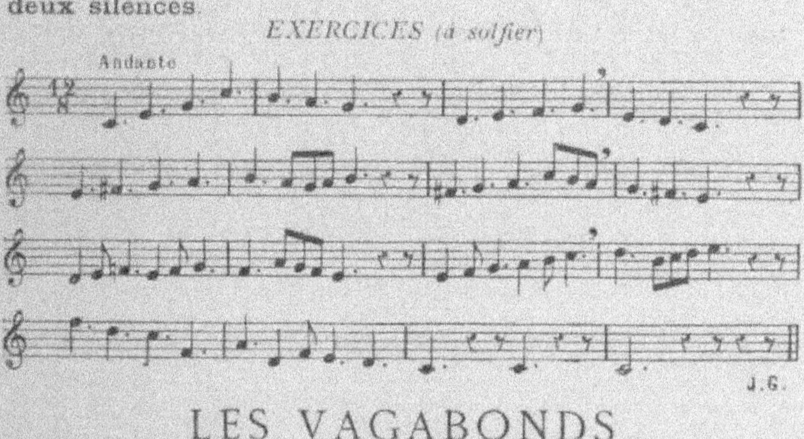

LES VAGABONDS

QUARANTE-NEUVIÈME LEÇON

§ 1. L'**unité de mesure** de la mesure $\frac{12}{8}$ est la **ronde pointée** 𝅝. qui vaut douze croches.

§ 2. L'**unité de temps** est la **noire pointée**.

§ 3. La mesure entière représentée en silences sera : [a]

QUESTIONNAIRE

455. Quelle est l'unité de mesure de la mesure $\frac{12}{8}$? — 456. Quelle est l'unité de temps ? — 457. Combien cette mesure contient-elle de noires pointées ? — 458. Dans cette mesure, que vaut une blanche pointée ? — 459. Comment la mesure entière est-elle représentée en silences ? — 460. Comment est représenté un temps, en silences ? — 461. Combien la mesure $\frac{12}{8}$ renferme-t-elle de blanches pointées ?

DEVOIR

Transcrivez l'exercice ci-dessous à $\frac{12}{8}$.

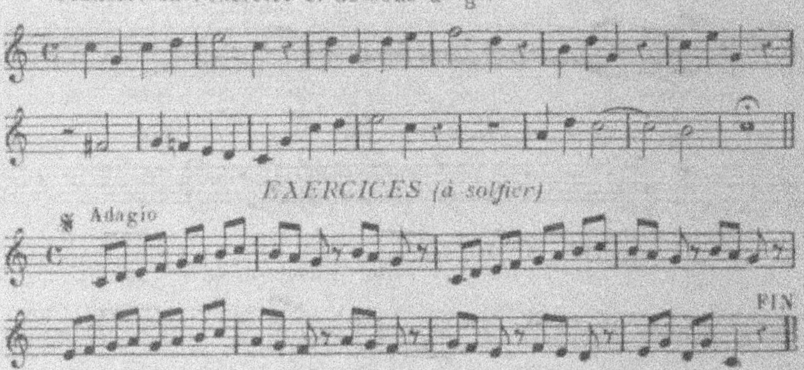

(a) Pourtant quelques auteurs emploient encore ici la pause, qui se trouve alors remplacer une ronde et demie.

LES VIOLETTES

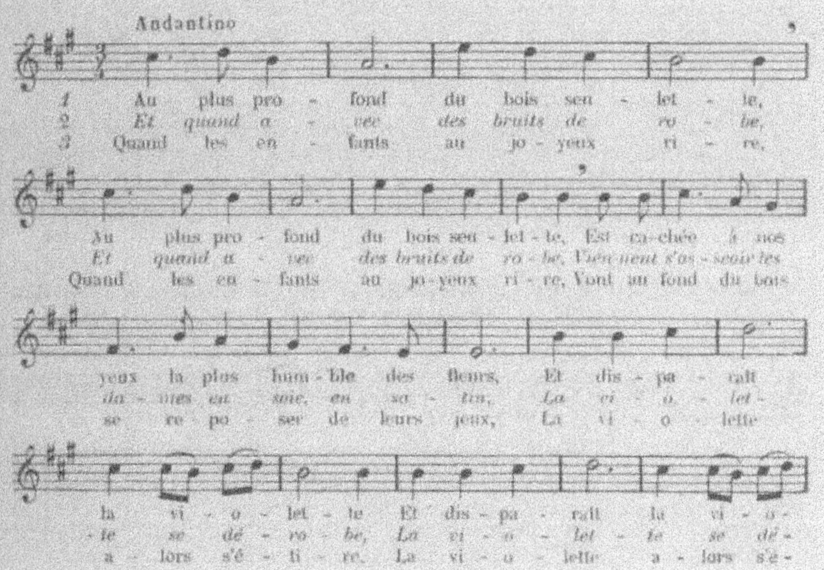

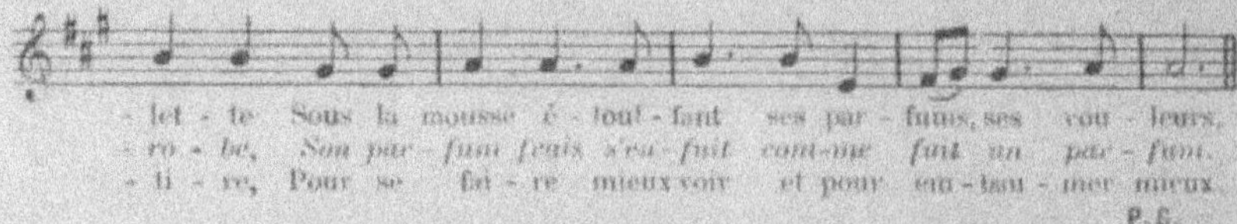

CINQUANTIÈME LEÇON

§ 1. L'élève remarquera que dans une mesure composée, le **numérateur** ou chiffre supérieur est toujours le triple du chiffre correspondant de la mesure simple, et que le **dénominateur** en est toujours le double.

§ 2. Donc, pour trouver les chiffres indicateurs de la mesure composée correspondante d'une mesure simple, on multiplie le chiffre supérieur par 3 et le chiffre inférieur par 2.

$$\frac{2\times3}{4\times2}=\frac{6}{8} \qquad \frac{3\times3}{4\times2}=\frac{9}{8} \qquad \frac{4\times3}{4\times2}=\frac{12}{8}$$

§ 3. Pour trouver la mesure simple, d'une mesure composée, on divise par 3 le chiffre supérieur et par 2 le chiffre inférieur.

$$\frac{6:3}{8:2}=\frac{2}{4} \qquad \frac{9:3}{8:2}=\frac{3}{4} \qquad \frac{12:3}{8:2}=\frac{4}{4}$$ (a)

QUESTIONNAIRE

462. Comment fait-on pour trouver les chiffres indicateurs de la mesure composée correspondante d'une mesure simple? — 463. Comment fait-on pour trouver les chiffres indicateurs de la mesure simple correspondante d'une mesure composée? — 464. Dans la gamme de Si bémol Majeur, quelle est la sensible? — 465. Quelle est la Dominante? — 466. Quelle est la Sus-tonique? — 467. Dans la gamme de La Majeur, quelle est la médiante? — 468. Quelle est la Sus-dominante? — 469. Quelle est la Sensible? — 470. Dans la gamme de Mi bémol Majeur, quelle est la sensible? — 471. Quelle est la Dominante? — 472. Quelle est la Sous-dominante? — 473. Quelle est la Sus-tonique? — 474. Quelle est la Sus-dominante?

DEVOIR

Transcrivez ces exercices, indiquez les barres de mesure et mettez les chiffres indicateurs des différentes mesures.

(a) Dans les mesures simples, le numérateur, qui est toujours 2, 3 ou 4, indique le nombre de temps. — Dans les mesures composées, le numérateur, qui ne peut être que 6, 9 ou 12, correspond au nombre de tiers de temps. — Mais dans un cas comme dans l'autre, il faut toujours connaître le nombre des notes contenues dans la mesure, et dont la valeur est exprimée par le dénominateur.

Leçon en **Ut mode majeur**, avec l'emploi des cinq premiers dièses accidentels.

Moderato

CINQUANTE-ET-UNIÈME LEÇON

§ 1. Chacune des **mesures simples** à 2, 3 et 4 temps peut se présenter sous quatre formes différentes, c'est-à-dire peut avoir pour unité de temps une **ronde**, une **blanche**, une **noire** ou une **croche**.

§ 2. La mesure simple à deux temps s'écrit donc : $\frac{2}{1}$, $\frac{2}{2}$, $\frac{2}{4}$, $\frac{2}{8}$
— — — à trois temps — — $\frac{3}{1}$, $\frac{3}{2}$, $\frac{3}{4}$, $\frac{3}{8}$
— — — à quatre temps — — $\frac{4}{1}$, $\frac{4}{2}$, $\frac{4}{4}$, $\frac{4}{8}$ (a)

§ 3. Nous étudierons seulement ici les mesures $\frac{2}{2}$ et $\frac{3}{8}$ qui sont les plus usitées après $\frac{2}{4}$, $\frac{3}{4}$ et **C**

QUESTIONNAIRE

475. Sous combien de formes différentes chacune des mesures simples peut-elle s'écrire? — 476. Quelles valeurs, une mesure simple, peut-elle avoir pour unité de temps? — 477. Quelles sont les différentes manières d'écrire la mesure à 2 temps? — 478. Quelles sont les différentes manières d'écrire la mesure à 3 temps? — 479. Quelles sont les différentes manières d'écrire la mesure à 4 temps? — 480. Quelles sont les mesures simples les plus usitées après $\frac{2}{4}$, $\frac{3}{4}$ et C? — 481. Dans la mesure $\frac{2}{1}$, que signifie le dénominateur? — 482. Dans la mesure $\frac{2}{8}$, que signifie le dénominateur? — 483. Dans la mesure $\frac{3}{2}$, que signifie le dénominateur? — 484. Dans la gamme de Si bémol Majeur entre quelles notes sont placés les demi-tons?

DEVOIR

Ecrivez dans le ton de **Ré Majeur**, l'exercice suivant, trouvez les chiffres indicateurs : 1re mesure, RÉ, MI, FA, SOL, LA, SI, DO, RÉ, MI, **croches** | 2e mesure, FA **noire,** MI **croche,** RÉ, **noire pointée, deux silences** | 3e mesure, MI, FA, SOL, LA, SI, DO, RÉ, MI, FA, **croches** | 4e mesure, SOL **noire,** FA **croche** MI, **noire pointée, deux silences** | 5e mesure, DO, RÉ, MI, LA, SI, DO, **croches,** RÉ **noire, un silence** | 6e mesure, SI, DO, RÉ, DO, RÉ, MI, **croches,** FA **noire, un silence** | 7e mesure, MI **grave**, FA, SOL, **croches,** LA, **noire pointée,** SI **noire,** DO **croche** | 8e mesure, RÉ, LA, FA, **croches,** RÉ, **blanche pointée, point d'orgue.**

EXERCICES (à solfier)

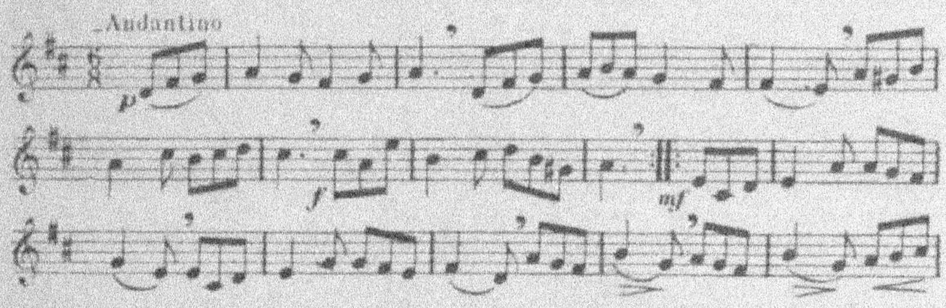

(a) Ces différences n'existent que dans la manière d'écrire. Pour l'auditeur, il n'y a qu'une seule mesure simple à deux temps, une à 3 temps, et une à 5 temps.

LA ROSE ET L'EGLANTINE

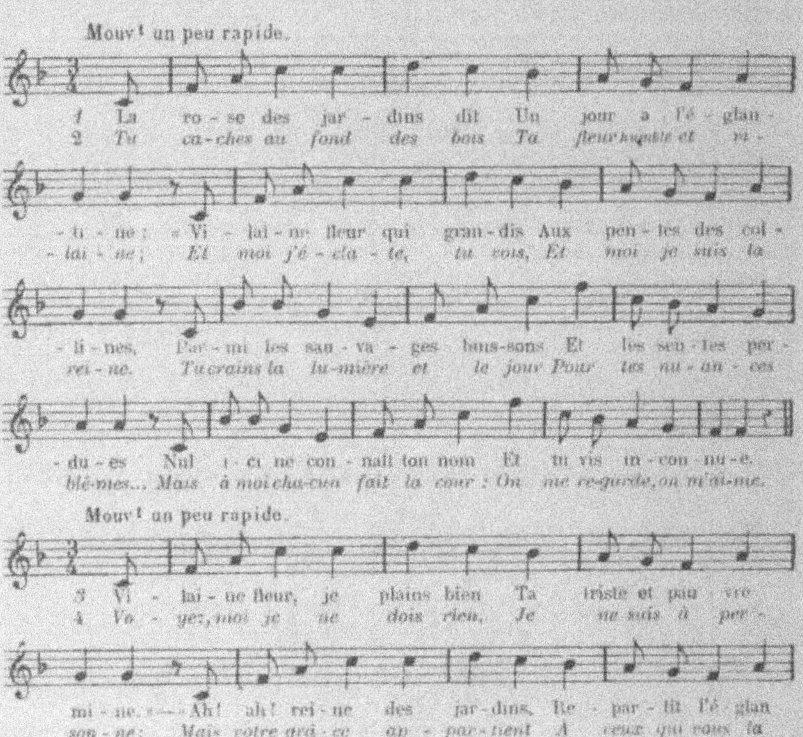

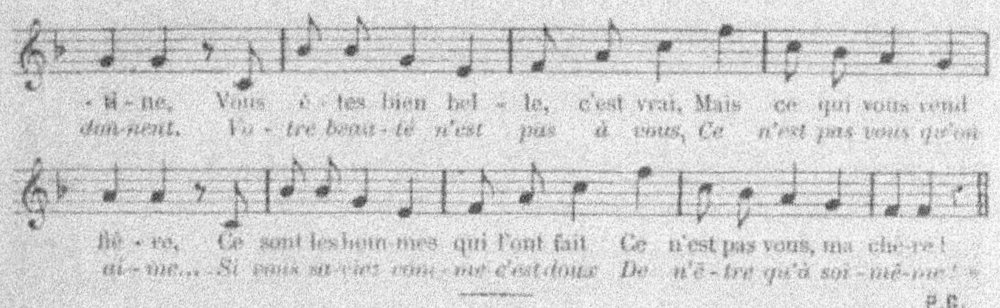

CINQUANTE-DEUXIÈME LEÇON

§ 1. Dans la mesure $\frac{2}{2}$, le numérateur **2** indique le **nombre de temps;** le dénominateur **2** indique la figure de note qui remplit un de ces temps. Cette mesure contient donc **deux blanches** (a).

§ 2. Par conséquent, la **blanche** est l'**unité de temps** et la **ronde** l'**unité de mesure.**

§ 3. On emploie, pour cette mesure, l'abréviation 𝄵 et on la désigne souvent sous le nom de **C barré** (b).

QUESTIONNAIRE

485. Dans la mesure $\frac{2}{2}$, qu'indique le numérateur? — 486. Qu'indique le dénominateur? — 487. Combien cette mesure contient-elle de blanches? — 488. Quelle est l'unité de mesure? — 489. Quelle est l'unité de temps? — 490. Quelle abréviation emploie-t-on pour indiquer cette mesure? — 491. Combien cette mesure contient-elle de croches? — 492. Si, dans cette mesure, on a une blanche pointée, que manque-t-il pour que cette mesure soit complète? — 493. Quel est le silence de la mesure entière? — 494. Combien chaque temps de cette mesure contient-il de doubles-croches?

DEVOIR

Ecrivez l'exercice suivant, **Mesure C barré**, trouvez les valeurs de notes : 1re mesure, DO, RÉ, MI, FA, deux notes par temps | 2e mesure, SOL | 3e mesure, RÉ, MI, FA, SOL, deux notes par temps | 4e mesure, LA; 5e mesure, SOL, LA, SI, DO, RÉ, DO, SI, LA, quatre notes par temps; 6e mesure, SOL, LA, SOL, FA, quatre notes pour le premier temps, MI, **un silence** | 7e mesure, RÉ, MI, FA, SOL, quatre notes pour le premier temps, LA, SI, deux notes pour le deuxième temps | 8e mesure, DO, **point d'orgue**.

(a) La mesure à $\frac{2}{2}$ contient exactement la même somme de valeurs que celle à $\frac{4}{4}$, ce qu'exprime bien, d'ailleurs, la fraction indicatrice, deux demis étant égaux à quatre quarts. La différence, c'est que l'une est à deux temps, et l'autre à quatre; l'une n'a qu'un temps fort, l'autre en a deux.

(b) Pour celui qui entend sans voir la musique écrite, il n'existe aucune différence, comme effet produit, entre la mesure à $\frac{2}{2}$ et celle à $\frac{2}{4}$.

Il ne faut voir là que deux manières d'écrire à deux temps simples.

LEÇONS POUR LA MESURE A DEUX-DEUX, ₵.

Une ronde pour la mesure.

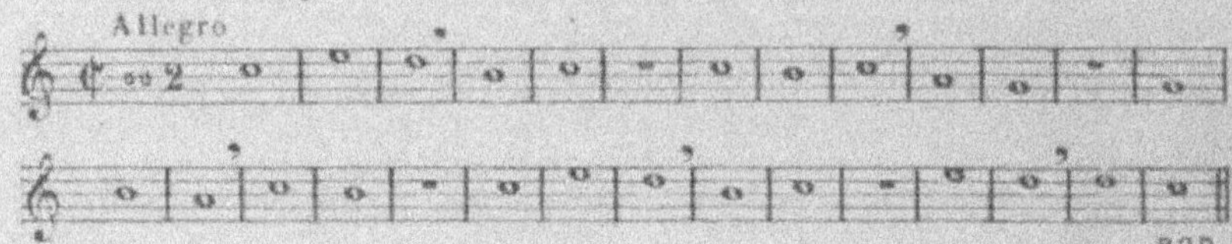

Une blanche pour un temps.

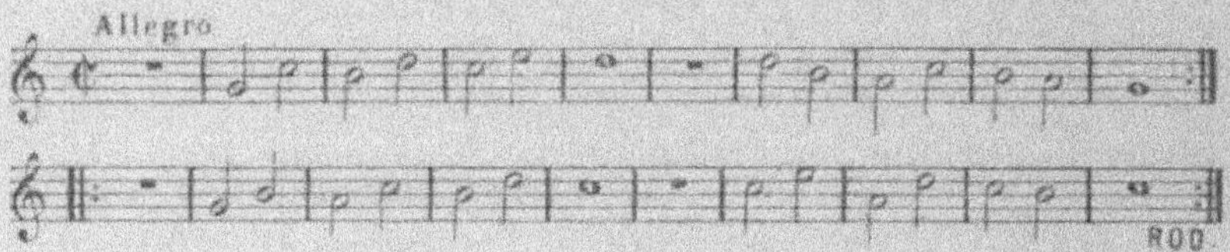

Deux noires pour un temps

CRÉPUSCULE

1 A la fe - nêtre un der - nier ra-yon do - re Les vo-lets verts et l'ho -
2 *Mais le soir gris as-som-brit les nu - an - ces Et c'est dé - jà la nuit*
3 Le vieux clo-cher dis - pa - raît et s'em-bru-me ; Le bruit s'est tu, des mar -

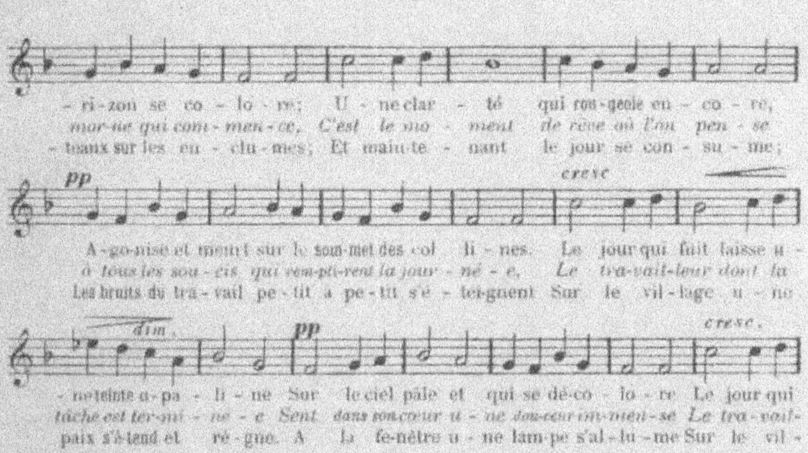

P. G.

CINQUANTE-TROISIÈME LEÇON

§ 1. Dans la mesure $\frac{3}{8}$, le numérateur **3** indique le nombre de temps; le dénominateur **8** indique la figure de note qui remplit un de ces temps. — Cette mesure contient donc **trois croches.**

§ 2. Par conséquent, l'**unité de temps** est la **croche**, et l'**unité de mesure**, la **noire pointée** (a)

QUESTIONNAIRE

495. Dans la mesure $\frac{3}{8}$, quelle est l'unité de temps? — 496. Quelle est l'unité de mesure? — 497. Combien cette mesure contient-elle de croches? — 498. Quel est le silence de la mesure entière? — 499. Si on a, pour les deux premiers temps, un soupir, quelle valeur de note manque-t-il pour compléter la mesure? — 500. Combien cette mesure contient-elle de doubles-croches? — 501. Combien chaque temps renferme-t-il de triples-croches? — 502. Combien la mesure ₵ contient-elle de quadruples-croches? — 503. Quel silence remplace un temps

(a) Pour celui qui entend sans voir la musique écrite, il n'existe aucune différence, comme effet produit, entre la mesure à 3/8 et celle à 3/4.
Il ne faut voir là que deux manières d'écrire à trois temps simples.

dans la mesure $\frac{3}{8}$? — 504. Quel silence remplace un temps dans la mesure $\mathbb{C}$? — 505. Combien un temps de la mesure $\frac{3}{8}$ contient-il de quadruples-croches ?

DEVOIR

Ecrivez l'exercice suivant, **Mesure trois-huit**, trouvez les valeurs : 1re mesure, DO **grave**, MI, SOL, une note par temps | 2e mesure, DO **aigu** | 3e mesure, RÉ, une note pour le premier temps, DO, SI, LA, SOL, deux notes pour le deuxième temps et deux pour le troisième temps | 4e mesure, DO **aigu**, **un silence** pour le troisième temps | 5e mesure, LA, SOL, FA, une note par temps | 6e mesure, SOL, une note pour les deux premiers temps, **un silence** | 7e mesure, FA, MI, RÉ, une note par temps | 8e mesure, DO, **un silence** pour le dernier temps.

EXERCICES POUR LA MESURE A TROIS-HUIT

Une Croche pour un temps, une Noire pour deux temps, la Noire pointée pour la mesure entière.

Deux Doubles-croches pour un temps.

LES FORGERONS

CINQUANTE-QUATRIÈME LEÇON

§ 1. Nous avons dit que les temps de la mesure se divisent en temps forts, temps faibles et temps demi-forts.

§ 2. On appuie plus fortement le premier temps, pour bien marquer le commencement de la mesure et bien faire sentir le rythme.

---

(1) **Mozart** (Jean-Chrysostome-Wolfgang-Théophile), très célèbre compositeur, né à Salzbourg (Autriche) en 1756, mort à Vienne en 1791.

§ 3. Les temps, comme les mesures, se subdivisent en **parties fortes** et en **parties faibles.**

§ 4. Dans un temps binaire, la première partie est forte, et la deuxième faible.

§ 5. Dans un temps ternaire, la première partie est forte, les deux autres sont faibles.[a]

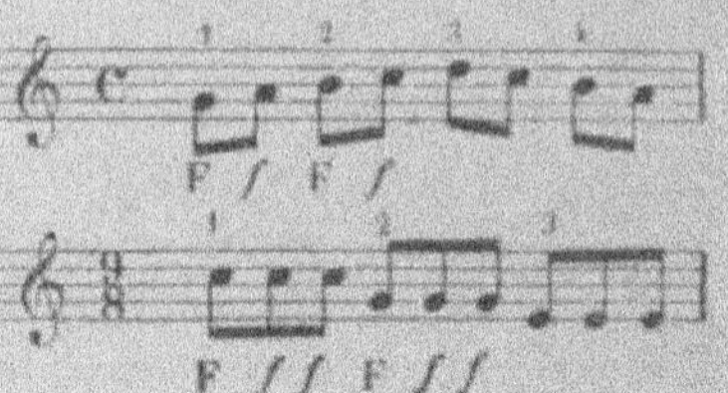

QUESTIONNAIRE

506. Pourquoi appuie-t-on plus fortement le premier temps d'une mesure ? — 507. Les temps se subdivisent-ils comme les mesures en parties fortes et en parties faibles ? — 508. Dans un temps binaire, quelle est la partie forte ? — 509. Dans un temps ternaire, quelle est la partie forte ? — 510. Quelles sont les notes formant demi-tons dans la gamme de Mi♭ Majeur ? — 511. Quelles sont les notes formant demi-tons dans la gamme de Ré Majeur ? — 512. Quelles sont les notes formant demi-tons dans la gamme de La♭ Majeur ? — 513. Quelles sont les notes formant demi-tons dans la gamme de La Majeur ? — 514. Dans la gamme de Si bémol, quel rôle joue le Fa ? — 515. Dans la gamme de La bémol, quel rôle joue le Si bémol ? — 516. Dans la gamme de Fa, quel rôle joue le Do ? — 517. Dans la gamme de La bémol, quel rôle joue le Sol ? — 518. Dans la gamme de Mi bémol, quel rôle joue le Do ? — 519. Dans la gamme de Mi bémol, quel rôle joue le Fa ? — 520. Dans la gamme de Mi bémol, quel rôle joue le La bémol ?

DEVOIR

Indiquez dans les exercices ci-dessous les **parties fortes** et les **parties faibles** de chaque temps. (Employez l'abréviation **F** pour **fort** et **f** pour **faible).** Dites dans chaque exercice l'intervalle qui sépare la note la plus **grave** de la note la plus **aiguë.**

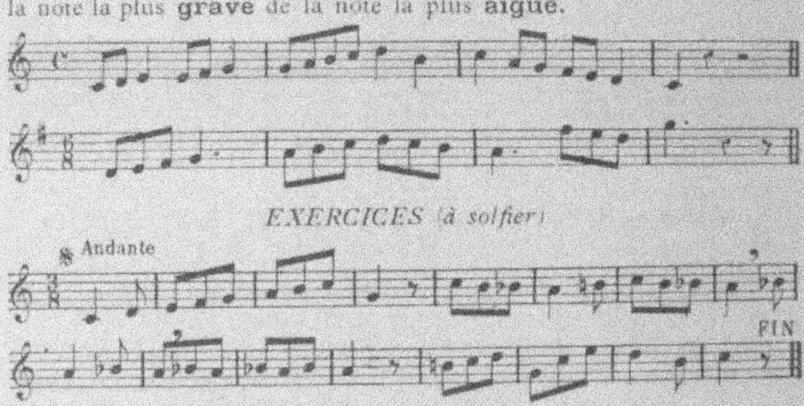

(a) Ces différences d'accentuation doivent être très légèrement indiquées, sans aucune raideur ni exagération, mais pourtant saisissables.

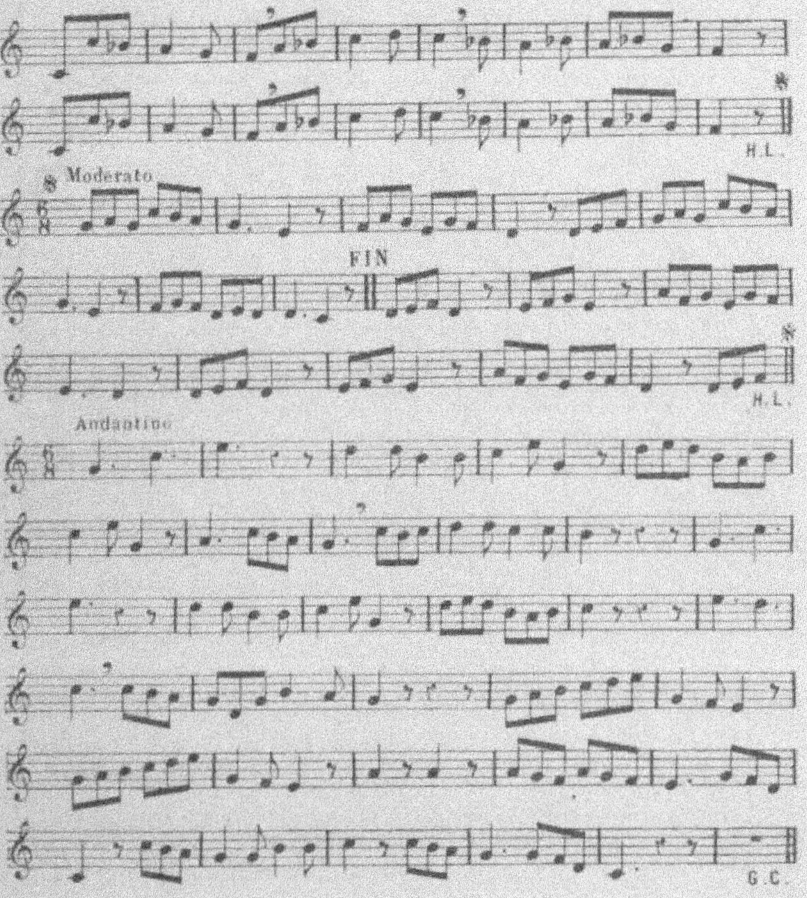

H.L.

Moderato

FIN

H.L.

Andantino

G.C.

LES MÉTIERS

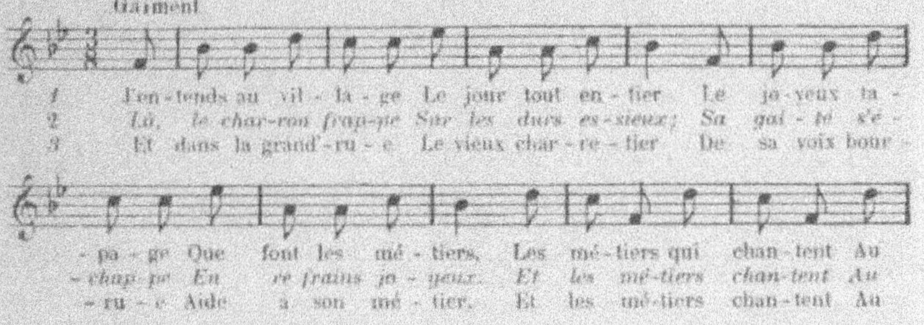

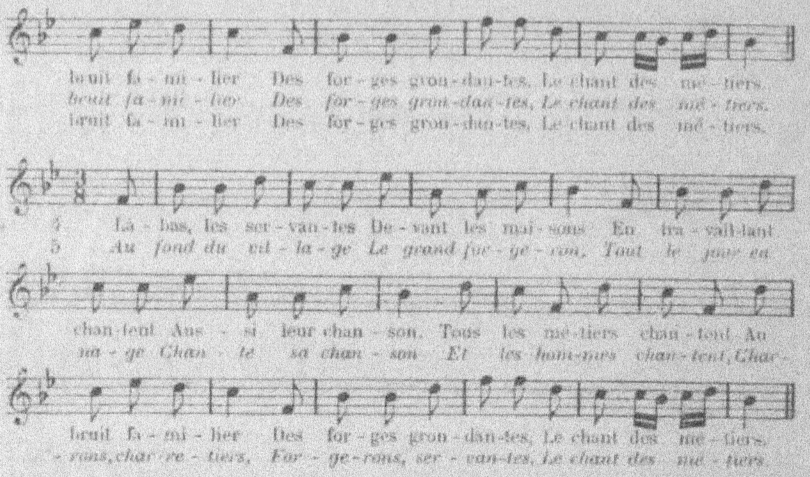

CINQUANTE-CINQUIÈME LEÇON

§ 1. Il y a en musique deux modes : le **Mode Majeur** et le **Mode Mineur**.

§ 2. Le **Mode**, c'est la manière d'être d'une **gamme diatonique** (a).

§ 3. Il y a par conséquent deux sortes de gammes diatoniques : les **gammes diatoniques majeures** (b) et les **gammes diatoniques mineures**.

§ 4. La **gamme mineure**, construite différemment de la **gamme majeure**, renferme **trois tons**, **trois demi-tons diatoniques**, et **un ton et demi** (c).

§ 5. Du 1er au 2e degré, **un ton**; du 2e au 3e degré, **un demi-ton**; du 3e au 4e degré, **un ton**; du 4e au 5e degré, **un ton**; du 5e au 6e degré, **un demi-ton**; du 6e au 7e degré, **un ton et demi**; du 7e au 8e degré, **un demi-ton**.

§ 6. La **gamme modèle du Mode Mineur** est la gamme de **La**.

Gamme de **La mineur**.

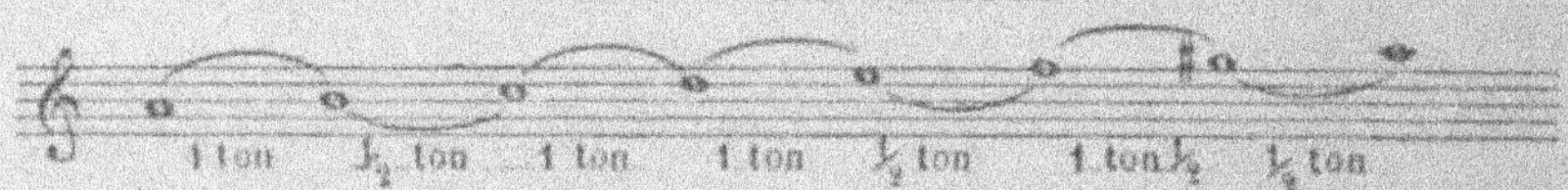

§ 7. On voit que la différence qui existe entre les deux sortes de gammes diatoniques consiste dans le nombre et la place des tons et des demi-tons.

(a) Le caractère du Mode Majeur est franc, gai; celui du Mode Mineur est par comparaison triste, mélancolique.

(b) Ce sont celles que nous connaissons déjà.

(c) Intervalle qui n'existe pas dans la gamme majeure.

§ 8. On peut dire également que le **Mode** est déterminé par la position du premier demi-ton de la gamme.

§ 9. Comme en Majeur, les degrés de la gamme mineure s'appellent : **Tonique**, **Sus-tonique**, **Médiante**, etc... Seul, le 7e degré, qui est variable [(a)], prend tantôt le nom de **sensible**, tantôt celui de **sous-tonique.**

§ 10. Comme en Majeur, également, il y a trois notes tonales qui sont le 1er, 4e et 5e degrés (**La**, **Ré**, **Mi**, de la gamme modèle mineure) et trois notes modales, 3e, 6e et 7e degrés (**Do**, **Fa**, **Sol**).

§ 11. Les notes tonales étant les mêmes dans une gamme majeure et dans la même gamme mineure, déterminent le **ton**.

§ 12. Les notes modales, au contraire, étant différentes, font connaître le **Mode**; d'où leur nom.

QUESTIONNAIRE

521. Combien y a-t-il de Modes et quels sont-ils ? — 522. Qu'est-ce que le Mode ? — 523. Combien y a-t-il de sortes de gammes diatoniques ? — 524. Quelle est la place des tons dans la gamme mineure ? — 525. La place des demi-tons ? — 526. Quel intervalle y a-t-il du 6e au 7e degré ? — 527. Quelle est la gamme modèle du Mode Mineur ? — 528. En quoi consiste la différence dans les deux sortes de gammes diatoniques ? — 529. Par quoi également, le Mode est-il déterminé ? — 530. En mineur, quels noms prend le 7e degré ? — 531. Quelles sont les notes tonales de la gamme modèle mineure ? — 532. Quelles sont les notes modales ? — 533. Que font connaître les notes tonales ? — 534. Que font connaître les notes modales ?

DEVOIR

Ajoutez ce qui manque aux mesures suivantes pour les rendre correctes, et indiquez les **notes tonales** par l'abréviation **T.**

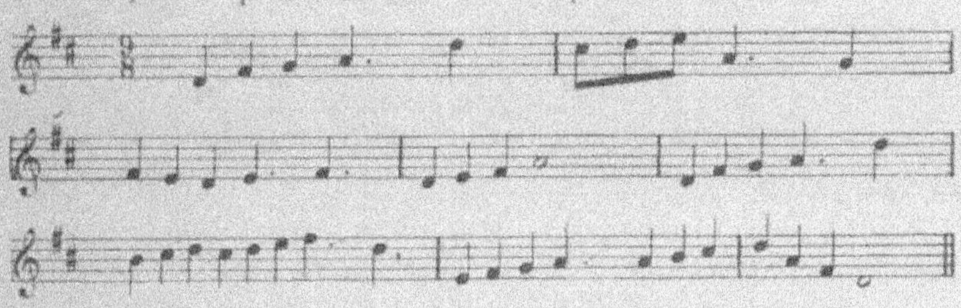

Gamme du ton de **La**, **mode mineur.**

(a) Voir la leçon suivante.

Leçons en **La**, **mode mineur.**

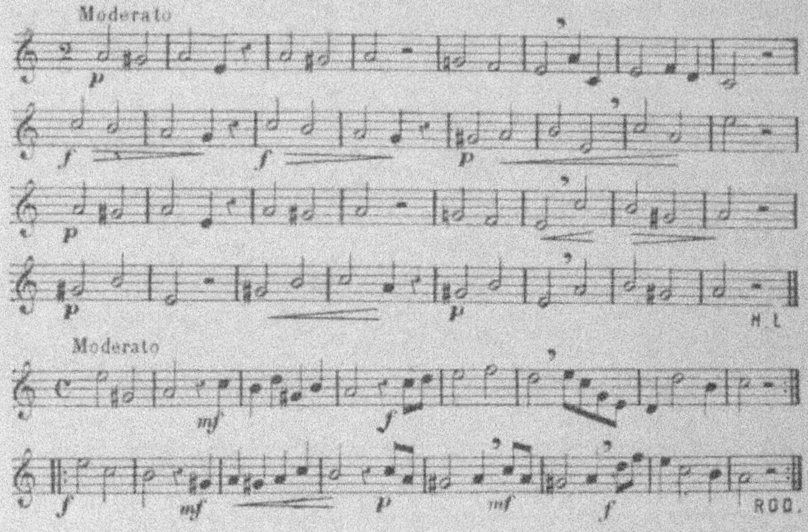

LE NAUTONIER

Paroles de Jules Barbier — Musique de Schubert

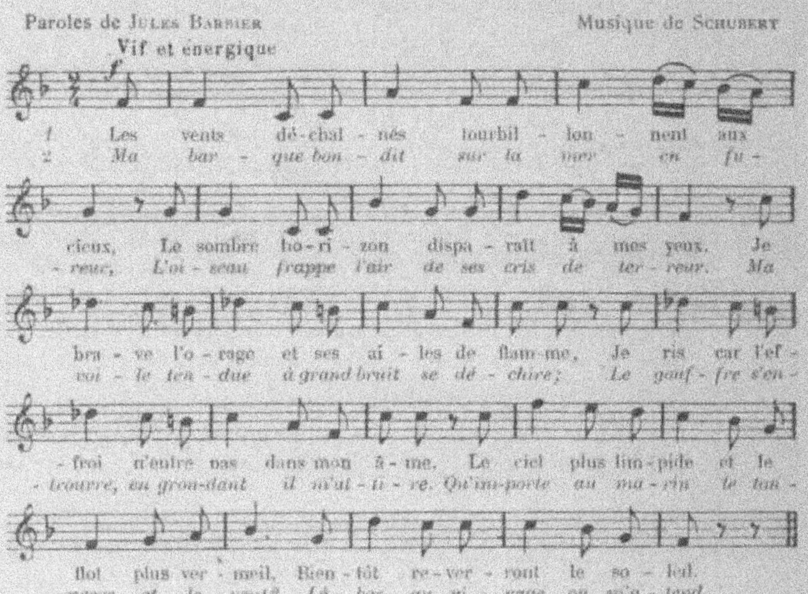

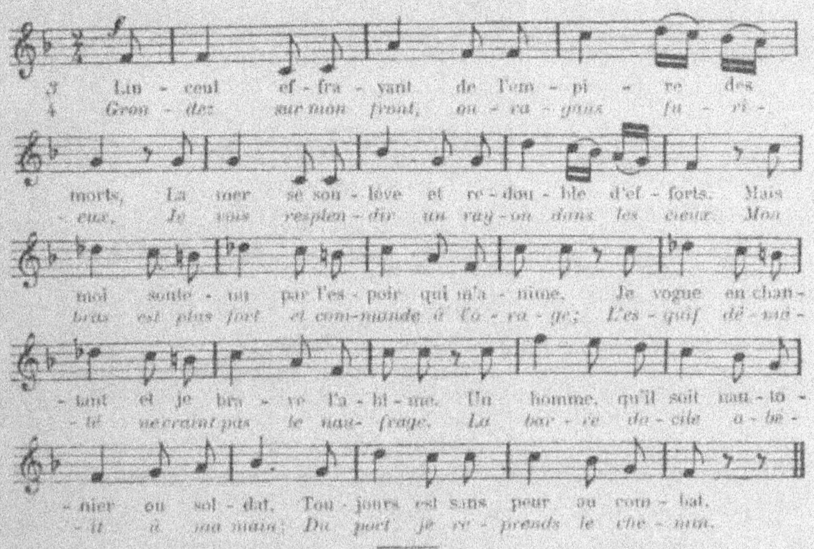

CINQUANTE-SIXIÈME LEÇON

§ 1. L'**ancienne gamme mineure,** qui est la véritable gamme théorique était celle-ci :

§ 2. Cette gamme, *formée des mêmes sons* que la gamme de **Do majeur**, quoique avec un point de départ différent prête à une

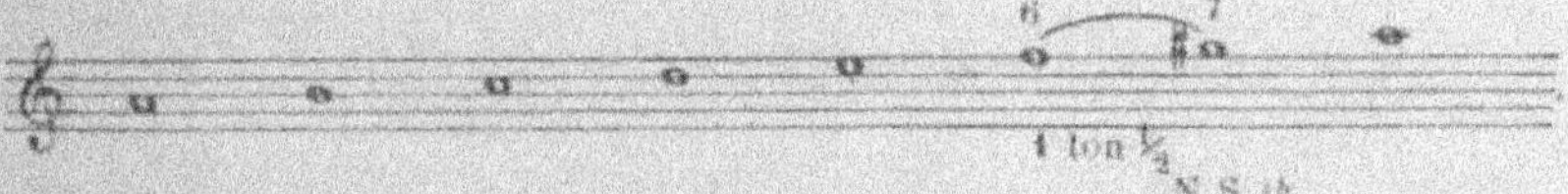

équivoque. Cette ancienne **gamme mineure**, on le voit, n'avait pas de **sensible caractéristique**, c'est pourquoi on élève généralement le 7ᵉ degré pour le rapprocher d'un demi-ton du 8ᵉ, et avoir ainsi une **sensible**(a) bien déterminée. De cette façon, il n'y a plus de doute possible.

6 7

1 ton ½

N. S. (b)

(a) Quand le 7ᵉ degré est à un demi-ton de la tonique, il prend le nom de **sensible**; en ce cas, il n'y a que deux notes modales. Quand il est inaltéré comme dans la gamme théorique, il prend le nom de **sous-tonique**; et alors il y a trois notes modales. Voir la leçon précédente.

7 8 7 8

sensible *sous-tonique*

(b) Remarquer que la gamme mineure, avec note sensible, contient un intervalle qui n'existait pas dans le mode majeur : celui d'un ton et demi, du 6ᵉ au 7ᵉ degré. Il est assez difficile à chanter juste, dans les débuts.

La note **sensible**, en **mineur**, est toujours obtenue au moyen d'une altération accidentelle, c'est-à-dire qu'elle ne fait pas partie de l'armature, et, comme dans la gamme majeure, elle se trouve à un demi-ton de la tonique[a].

§ 3. La gamme modèle du **mode mineur**, ayant beaucoup de relation avec la gamme modèle du **mode majeur**, et ne comportant, comme cette dernière, aucune altération à l'**armature**, a été qualifiée **gamme relative** de la gamme de **Do majeur**.

QUESTIONNAIRE

535. Pourquoi, dans la gamme mineure, a-t-on élevé le 7e degré d'un demi-ton ? — 536. Comment est obtenue la note sensible en mineur ? — 537. Pourquoi la gamme de La Mineur a-t-elle été qualifiée gamme relative de Do Majeur ? — 538. Dans la gamme de La Mineur, quelles sont les notes formant le premier demi-ton ? — 539. Le 2e demi-ton ? — 540. Le 3e demi-ton ? — 541. Quelle est la Dominante du ton de La Mineur ? — 542. La Sus-tonique ? — 543. La Sous-dominante ? — 544. La Sensible ? — 545. La Médiante ? — 546. La Sus-dominante ? — 547. Combien de tons contenait l'ancienne gamme mineure ? — 548. Combien de demi-tons contenait-elle ?

DEVOIR

Ecrivez l'exercice suivant et indiquez la mesure : 1re mesure, LA, SOL♯, LA, **croches**, SI, **noire pointée**, LA, **noire**, **silence** | 2e mesure, DO, SI, DO, **croches**, RÉ, **noire pointée**, DO, **noire**, **silence** | 3e mesure, FA, MI, RÉ, DO, SI, LA, SOL♯, LA, SI, **croches** | 4e mesure, **mi grave**, **blanche pointée**, **deux silences** | 5e mesure, MI, LA, SI, **croches**, DO, **noire pointée**, **deux silences** | 6e mesure, LA, RÉ, MI, **croches**, FA, **blanche pointée** | 7e mesure, MI, RÉ, DO, RÉ, SI, LA, SOL♯, LA, SI, **croches** | 8e mesure, LA, MI, DO, **croches**, LA **grave**, **blanche pointée**, **point d'orgue**. — *Dites en quel ton se trouve cet exercice.*

EXERCICES (à solfier)

(a) Dans le deuxième volume, nous ferons connaître une troisième façon de pratiquer la gamme mineure.

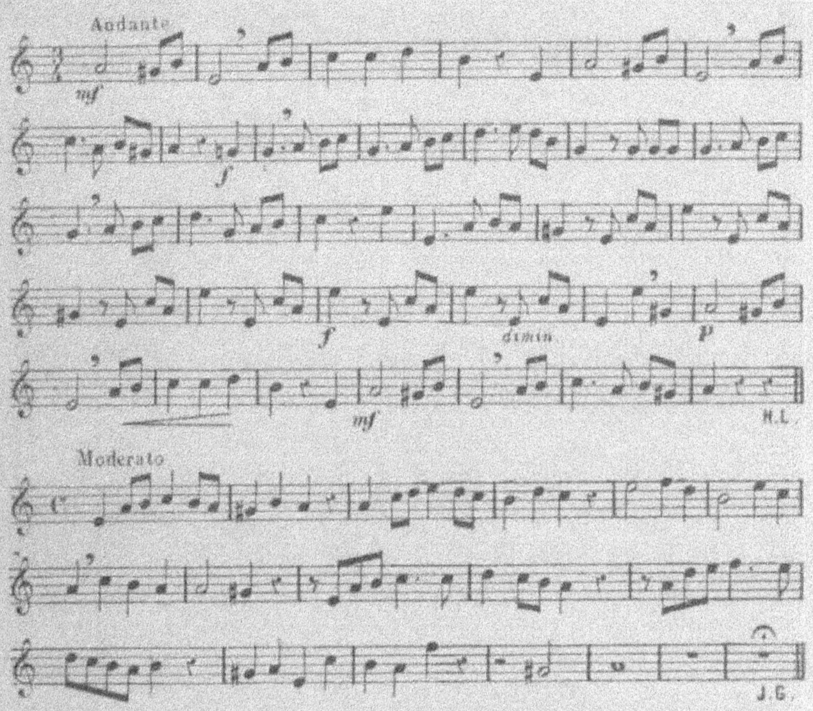

CHANT VILLAGEOIS

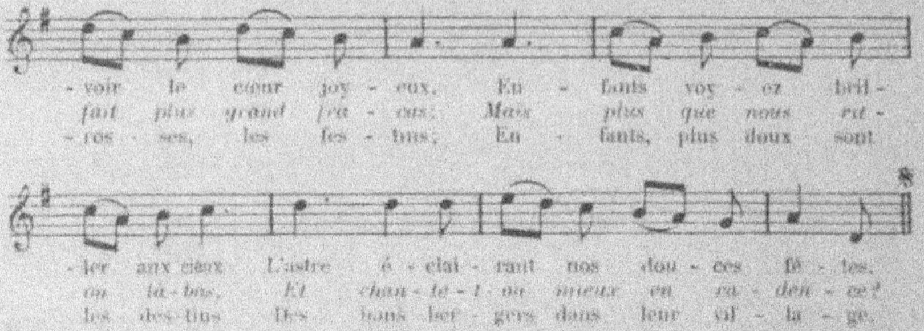

CINQUANTE-SEPTIÈME LEÇON

§ 1. La gamme de **La mineur**, ou mieux encore le **ton** de **La mineur**, est le relatif du ton de **Do majeur**, et réciproquement.

§ 2. Tous les tons majeurs ont leurs **relatifs mineurs**, et *vice-versa*.

§ 3. La **tonique** du ton de **La mineur** se trouve un ton et un demi-ton diatonique (trois degrés) au-dessous de la tonique de son ton relatif majeur;

½ ton 1 ton
tonique du ton de DO majeur — tonique du ton de LA mineur

par contre, la **tonique** du ton de **Do majeur** se trouve un ton et un demi-ton au-dessus de la tonique de son relatif mineur; il en est de même pour tous les tons relatifs.

§ 4. Bien entendu, un ton relatif mineur prend toujours la même armature que son relatif majeur correspondant.

§ 5. En plus de la gamme de **La mineur**, il y a **sept gammes mineures diésées**, relatives des gammes majeures, et qui se succèdent comme ces dernières par **quintes ascendantes :** MI, SI, FA♯, DO♯, SOL♯, RÉ♯, LA♯; et **sept gammes mineures bémolisées**, également relatives des gammes majeures, qui se succèdent comme elles par **quintes descendantes :** RÉ, SOL, DO, FA, SI♭, MI♭, LA♭ (a).

QUESTIONNAIRE

549. A quelle distance se trouve la tonique d'une gamme mineure de la tonique de la gamme majeure correspondante? — 550. Un ton relatif mineur, prend-il la même armature que son relatif majeur? — 551. Combien y a-t-il, en plus de celle de La mineur, de gammes mineures diésées? — 552. Nommez-les? — 553. Comment se succèdent-

(a) Dans le cours de première année, nous ne ferons usage que des trois premières gammes mineures diésées et des trois premières gammes mineures bémolisées.

elles? — 554. Combien y a-t-il de gammes mineures bémolisées? — 555. Comment se succèdent elles? — 556. Tous les tons majeurs ont-ils leurs relatifs mineurs?

DEVOIR

Ajoutez ce qui manque aux mesures suivantes :

LES CHEVALIERS

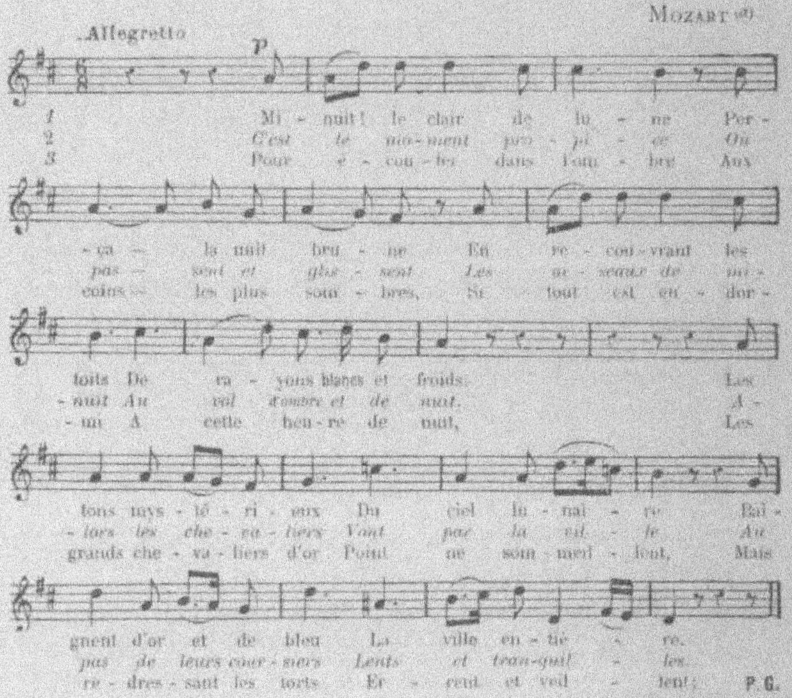

CINQUANTE-HUITIÈME LEÇON

§ 1. Après la gamme de **La mineur**, vient celle de **Mi mineur**, placée **un ton** et **un demi-ton** au-dessous de la **tonique** de **Sol majeur**, et par conséquent, sa **gamme relative**.

1/2 ton 1 ton
Tonique Sol majeur — Tonique Mi mineur

(a) Sérénade de *Don Juan*.

§ 2. Comme la gamme de **Sol majeur**, la gamme de **Mi mineur** prend un **dièse à la clef**; elle est construite sur le plan de la **gamme modèle** du **Mode mineur**.

§ 3. Le ♯ placé devant **Ré** rapproche le **7e degré** d'un **demi-ton** de la **tonique**, et le transforme de **sous-tonique** en **note sensible** (a).

§ 4. Après la gamme de **Mi mineur**, vient la gamme de **Si mineur**, relative de **Ré majeur**.

Elle prend **deux dièses à l'armature** et a, comme la précédente gamme, ses tons et demi-tons dans le même ordre que celui de la gamme modèle mineure.

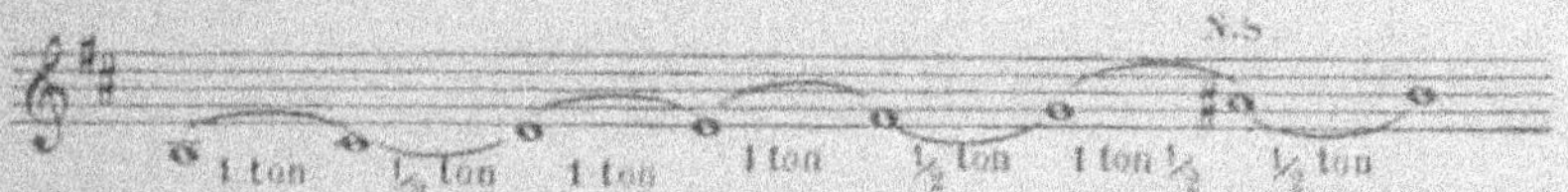

§ 5. Le ♯ placé devant **La**, rapproche le **7e degré** d'un **demi-ton** du **8e**.

§ 6. La gamme de **Fa♯ mineur**, qui vient après celle de **Si mineur**, est la **gamme relative** de **La majeur**. Elle a **trois dièses** à la **clef**.

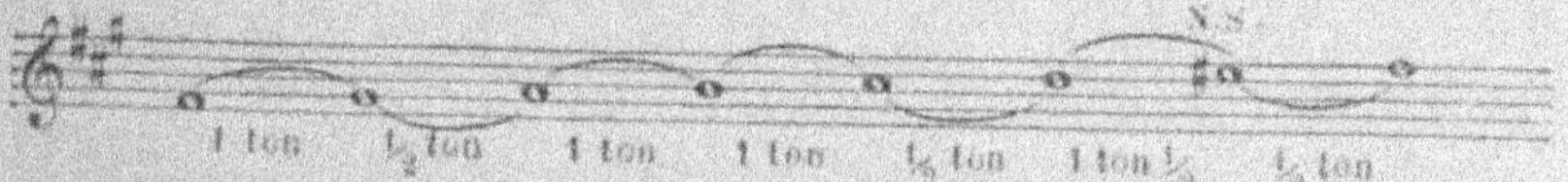

§ 7. Le ♯ placé devant **Mi**, rapproche le **7e degré** d'un **demi-ton** du **8e**. Il donne le **demi-ton** indispensable de la **sensible** à la **tonique**.

QUESTIONNAIRE

557. Quelle gamme mineure vient dans l'ordre des dièses après celle de La mineur? — 558. Quelle est sa gamme relative majeure? — 559. Quelle est l'armature de la gamme de Mi mineur? — 560. Expliquez l'utilité du dièse? — 561. Quelle est la note sensible? — 562. Expliquez l'utilité du dièse placé devant le Ré? — 563. Quelle gamme vient après celle de Mi mineur? — 564. Quelle est sa gamme relative majeure? — 565. Quelle est l'armature de la gamme de Si mineur? — 566. Expliquez l'utilité du premier dièse? — 567. Expliquez l'utilité du second dièse? — 568. Quelle est la note sensible? — 569. Expliquez l'utilité du dièse placé devant le La? — 570. Quelle gamme vient après celle de Si mineur? — 571. Quelle est sa gamme relative majeure? — 572. Quelle est l'armature de la gamme de Fa dièse mineur? — 573. Quelle est la note sensible? — 574. Expliquez l'utilité du dièse placé devant le Mi?

(a) Ne pas oublier que cette altération du 7e degré, qui produit la note sensible du Mode mineur, ne se met jamais à la clef, mais toujours devant la note.

Elle appartient donc à la catégorie des altérations accidentelles.

DEVOIR

Ajoutez ce qui manque aux mesures suivantes et dites en quel ton se trouve cet exercice.

Gamme du **ton** de **Mi, mode mineur,** relatif de **Sol, mode majeur**.

Leçons en **Mi**, **mode mineur**.

Gamme du **ton** de **Si**, **mode mineur**, relatif de **Ré**, **mode majeur.**

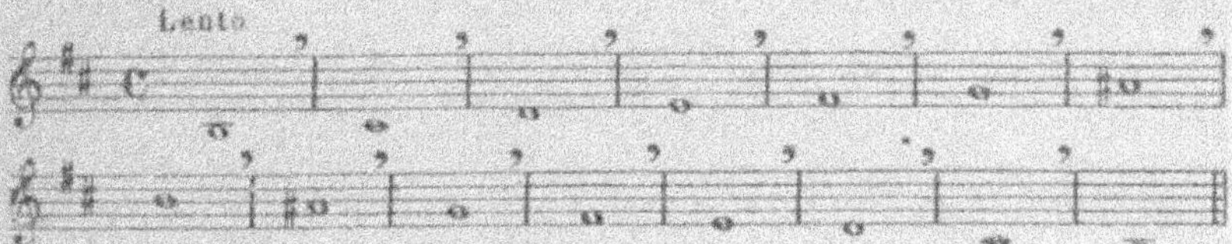

Leçon en **Si, mode mineur.**

Gamme de **Fa dièse**, **mode mineur**, relative de **La majeur.**

Leçons en **Fa dièse, mode mineur.**

LE MARTEAU

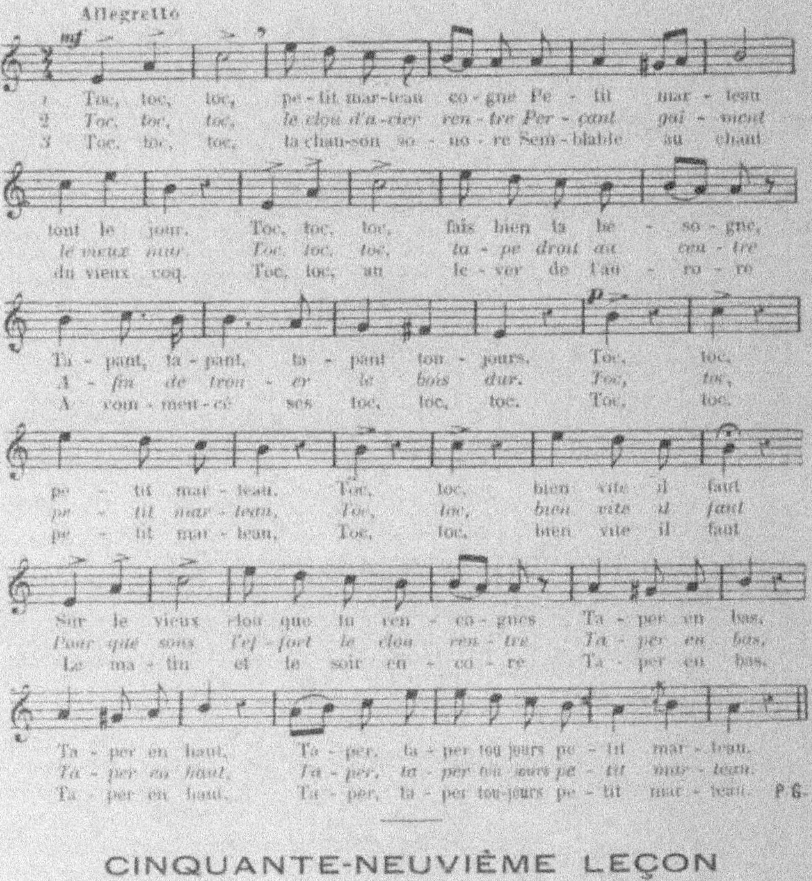

Allegretto

1 Toc, toc, toc, pe-tit mar-teau co-gne Pe-tit mar-teau
2 *Toc, toc, toc, le clou d'a-cier ren-tre Per-çant gai-ment*
3 Toc, toc, toc, ta chan-son so-no-re Sem-blable au chant

tout le jour. Toc, toc, toc, fais bien ta be-so-gne,
le vieux mur. Toc, toc, toc, ta-pe droit au cen-tre
du vieux coq. Toc, toc, au le-ver de l'au-ro-re

Ta-pant, ta-pant, ta-pant tou-jours. Toc, toc,
A-fin de trou-er le bois dur. Toc, toc,
A com-men-cé ses toc, toc, toc. Toc, toc,

pe-tit mar-teau. Toc, toc, bien vite il faut
pe-tit mar-teau, Toc, toc, bien vite il faut
pe-tit mar-teau, Toc, toc, bien vite il faut

Sur le vieux clou que tu en-co-gnes Ta-per en bas,
Pour que sous l'ef-fort le clou ren-tre Ta-per en bas,
Le ma-tin et le soir en-co-re Ta-per en bas,

Ta-per en haut, Ta-per, ta-per tou-jours pe-tit mar-teau.
Ta-per en haut, Ta-per, ta-per tou-jours pe-tit mar-teau.
Ta-per en haut, Ta-per, ta-per tou-jours pe-tit mar-teau. P.G.

CINQUANTE-NEUVIÈME LEÇON

§ 1. La première des gammes bémolisées mineures est la gamme de **Ré mineur**, relative de **Fa majeur**.

Comme cette dernière, elle prend un ♭ à l'armature, et sa construction est identique à celle de la gamme modèle du mode mineur.

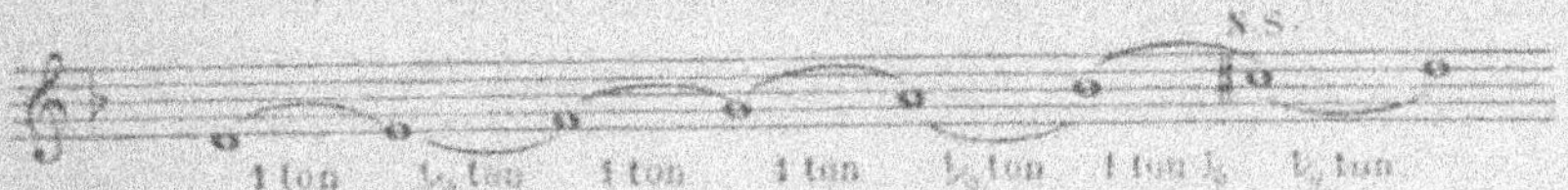

Le **dièse** placé devant **Do**, rapproche le **7e degré** d'un **demi-ton** du **8e**, ce qui est conforme au plan de la gamme **mineure**.

§ 2. La deuxième gamme bémolisée mineure est la gamme de **Sol mineur**, relative de **Si♭ majeur**. Elle prend **deux bémols** à l'armature.

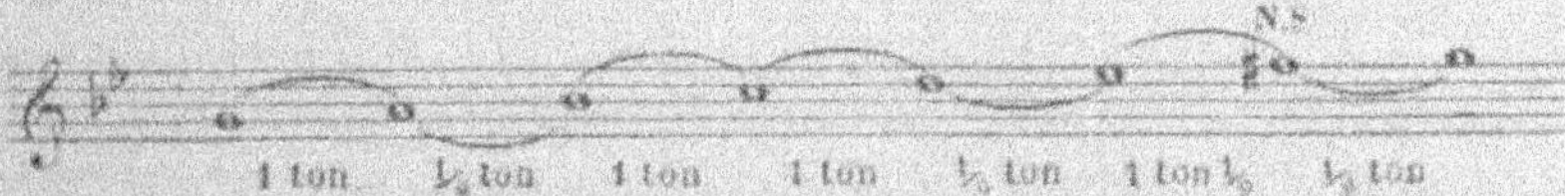

§ 3. Comme on le voit, le **Fa♯** est indispensable à la construction de cette gamme, il donne les intervalles voulus entre les **6e** et **7e degrés**, comme entre les **7e** et **8e degrés**.

4. Après la gamme bémolisé de **Sol mineur**, vient la gamme de **Do mineur**, relative de la gamme de **Mi♭ majeur. Elle** a **trois bémols** à la clef.

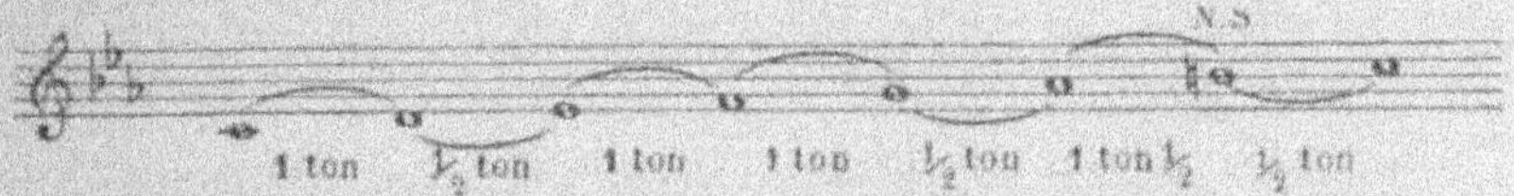

§ 5. La note sensible est **Si♮** quoique le **Si♭** soit à l'armature.

C'est la première fois que nous voyons le **bécarre** jouer le rôle d'un **signe d'altération** (a).

QUESTIONNAIRE

575. Quelle est la première des gammes bémolisées mineures? — 576. De quelle gamme est-elle relative? — 577. Quelle est son armature? — 578. Quelle est sa note sensible? — 579. Expliquez l'utilité du dièse placé devant le do? — 580. Quelle gamme vient après celle de Ré mineur? — 581. De quelle gamme est-elle relative? — 582. Quelle est son armature? — 583. Quelle est sa note sensible? — 584. Quelle gamme vient après celle de Sol mineur? — 585. De quelle gamme est-elle relative? — 586. Quelle est son armature? — 587. Quelle est sa note sensible?

DEVOIR

Ajoutez ce qui manque aux mesures suivantes, mettez les chiffres indicateurs et dites en quel ton se trouve ce devoir.

(a) Voir 53e Leçon.

Gamme du **ton** de **Ré, mode mineur,** relatif de **Fa, mode majeur.**

Leçons en **Ré, mode mineur.**

Gamme du **ton** de **Sol, mode mineur,** relatif de **Si bémol majeur.**

Leçons en **Sol, mode mineur.**

H. L.
Allegretto
FIN
cresc.
H. L.
Gamme de Do, mode mineur, relative de Mi bémol majeur.
Leçons en Ut, mode mineur.
Larghetto
Andno con moto

LA MONTAGNE[a]

Despourrins[1]

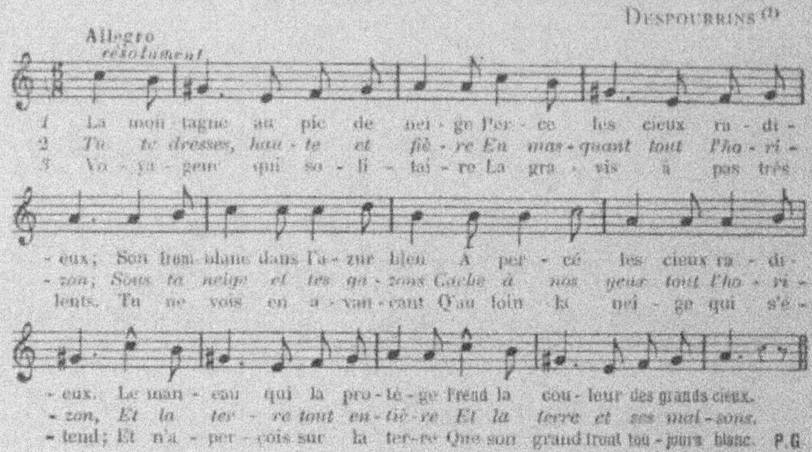

SOIXANTIÈME LEÇON

§ 1. On appelle **modulation**, le changement de ton ou de mode survenant dans le cours d'un morceau.

§ 2. On reconnait le plus souvent une **modulation** par l'apparition des altérations caractéristiques du nouveau ton.

Exemple d'une mélodie en **Do majeur**, qui module un instant en **Sol majeur** et qui revient dans le ton initial, module de nouveau en **Fa majeur**, et se termine dans le ton principal.

(a) Cette chanson contient fréquemment l'intervalle de 2de augmentée, dont il faudra soigner l'intonation.

(1) **Despourrins** (Cyprien), poète, né à Accous (France), en 1698, mort en 1755.

(b) Dans cette mesure le **bécarre ♮** placé devant le **Fa** est appelé **bécarre de précaution**, parce qu'il y a eu un **Fa ♯** deux mesures auparavant. Il en est de même du Si ♮ de l'avant-dernière mesure.

Les accidents de précaution (♮, ♭, ♯) ne sont pas indispensables. Néanmoins les compositeurs soigneux négligent rarement de les employer, afin d'éviter des erreurs dans la lecture rapide.

§ 3. Mais, on peut également moduler sans qu'il y ait d'altération accidentelle à la partie chantante; seul, alors, le sentiment musical permet de discerner s'il y a **modulation** [a].

Nous allons redonner l'exemple ci-dessus, avec les mêmes modulations, mais en évitant, dans le chant, les notes caractéristiques de la modulation.

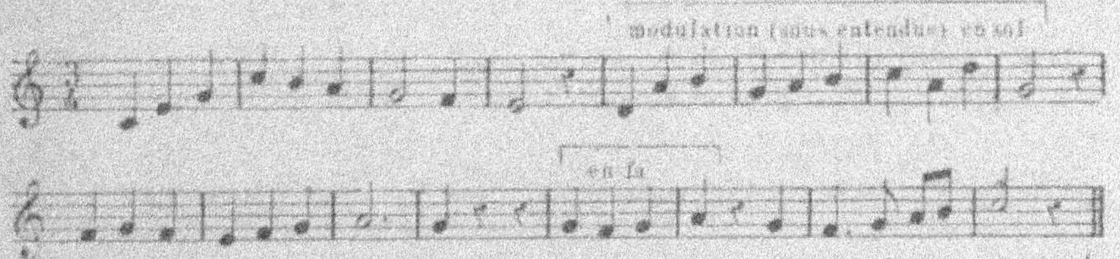

§ 4. Les **altérations chromatiques** ne constituent pas de **modulation**.

QUESTIONNAIRE

588. Qu'appelle-t-on modulation? — 589. Comment reconnaît-on une modulation? — 590. Quelles sont les altérations qui ne constituent pas de modulation? — 591. Quelles sont les notes formant demi-tons dans la gamme de Ré mineur? — 592. Dans la gamme de Sol mineur? — 593. Dans la gamme de Do mineur? — 594. Quel rôle joue la note Do dans le ton de Sol mineur? — 595. Quel rôle joue cette même note dans le ton de Do mineur? — 596. Quelle est la Sus-tonique de la gamme de Sol mineur? — 597. La Sus-Dominante? — 598. Quelle est la médiante du ton de Do mineur? — 599. La Sus-dominante? — 600. La Sous-dominante?

DEVOIR

Copiez cet exercice et indiquez les différentes modulations.

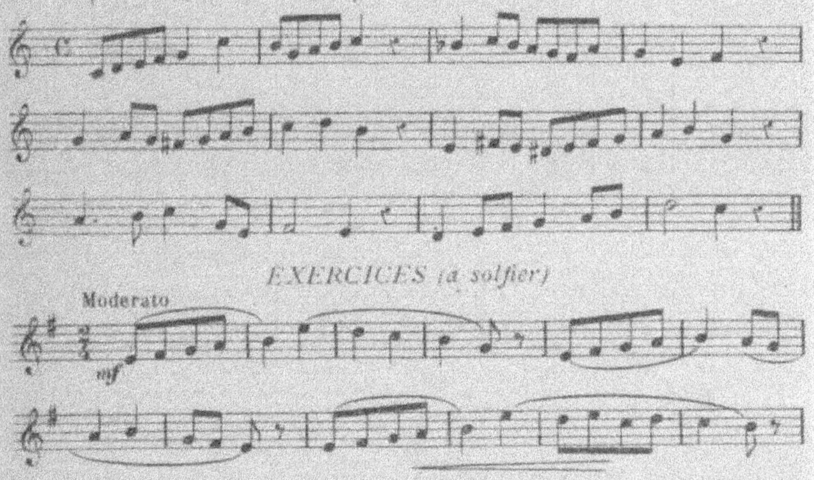

(a) En ce cas, les altérations qui caractérisent la modulation se trouvent dans les parties d'accompagnement, et pour la découvrir autrement que par intuition, il faut posséder des notions d'harmonie.

J. G.
Mouvt de Valse
cre . scen . do poco a poco
dimin.
FIN
SOR.
Andantino
dolce
cresc
dim
SOR.

LA PLUIE

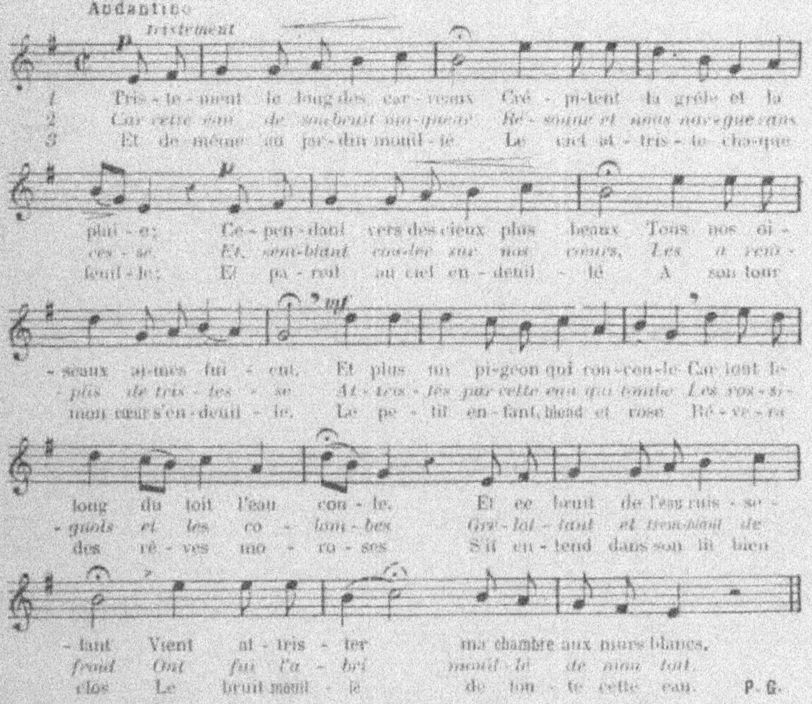

SOIXANTE-ET-UNIÈME LEÇON

§ 1. L'ordre naturel d'accentuation est parfois renversé par l'emploi des **syncopes** et des **contretemps.**

§ 2. Une **syncope** est une note, qui, articulée sur un temps faible ou sur la partie faible d'un temps, se prolonge sur un temps fort ou sur la partie forte d'un temps [(a)].

On voit par cet exemple l'utilité de la **liaison** de prolongation, qui permet à la syncope d'enjamber la mesure.

(a) Une excellente définition est celle-ci : *La Syncope est le déplacement de l'accentuation rythmique.* (A. Savard)

QUESTIONNAIRE

601. Par quoi l'ordre naturel d'accentuation est-il renversé? — 602. Qu'est-ce qu'une syncope? — 603. Quel signe emploie-t-on pour écrire une syncope qui enjambe la mesure? — 604. Dans la gamme mineure, quelle distance sépare la médiante de la sous-dominante? — 605. Quelle distance, toujours dans la gamme mineure, sépare la sus-tonique de la médiante?

DEVOIR

Copiez cet exercice et indiquez les syncopes.

Leçon pour la **Syncope** par **Blanches**.

Leçon pour la **Syncope** par **Noires**.

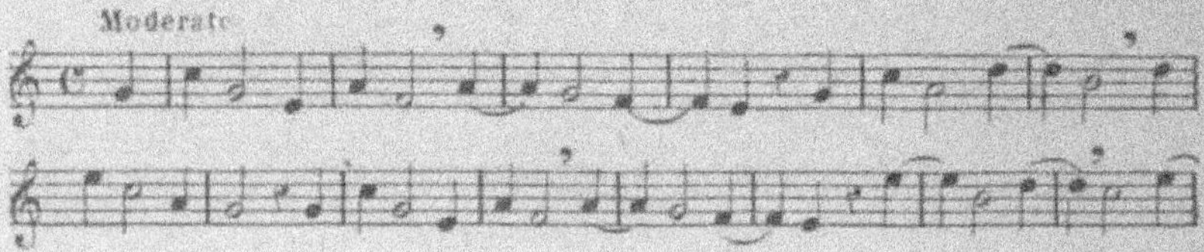

(1) **Rameau** (Jean-Philippe), célèbre compositeur et théoricien, né à Dijon en 1683, mort à Paris en 1764.

P. B.

SOIXANTE-DEUXIÈME LEÇON

§ 1. On nomme **syncope égale** celle dont les deux parties sont d'égale durée.

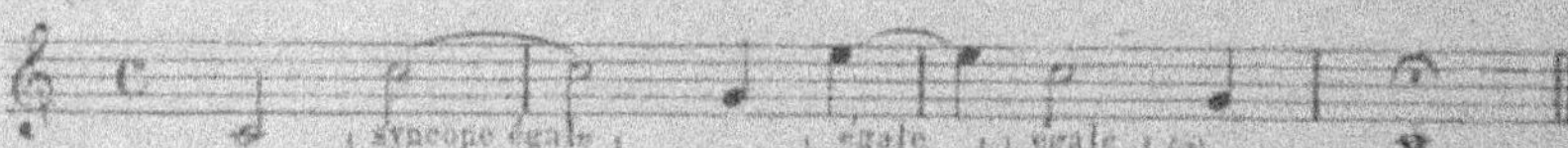

§ 2. On nomme **Syncope inégale** ou **brisée** celle dont la deuxième partie est plus courte que la première.

§ 3. Enfin, on nomme **syncope boiteuse** (b) celle dont la deuxième partie est plus longue que la première.

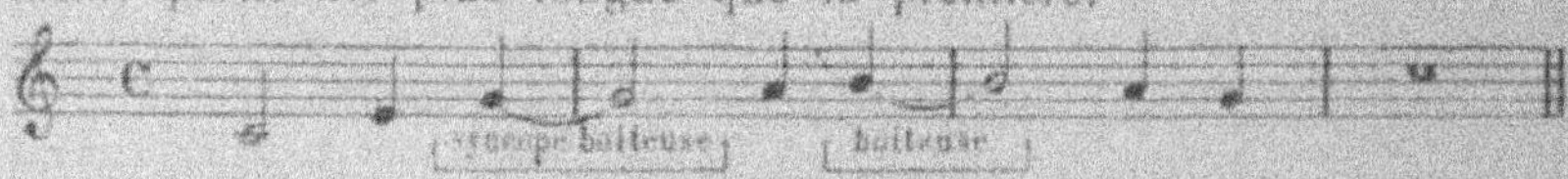

QUESTIONNAIRE

606. Qu'appelle-t-on syncope égale ? — 607. Qu'appelle-t-on syncope inégale ? — 608. Qu'appelle-t-on syncope boiteuse ? — 609. Comment s'appellent ces différentes syncopes :

(a) Cette syncope est égale parce qu'elle est mise pour 

Toutes les syncopes de la leçon précédente étaient des syncopes égales.

(b) Dans le style correct, on doit généralement éviter la syncope boiteuse.

DEVOIR

Écrivez cet exercice et indiquez les syncopes avec leur genre.

EXERCICES (à solfier)

Syncope inégale.

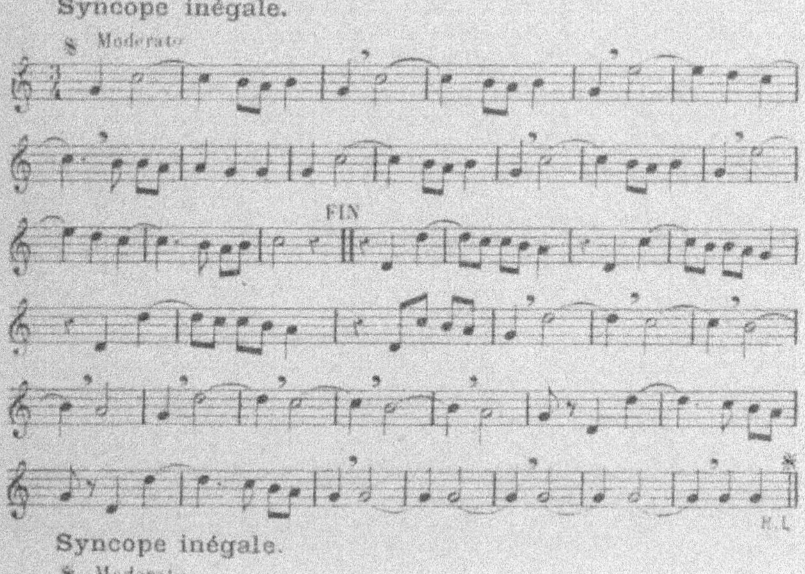

Syncope inégale.

L'AUTOMNE

GRÉTRY (1)

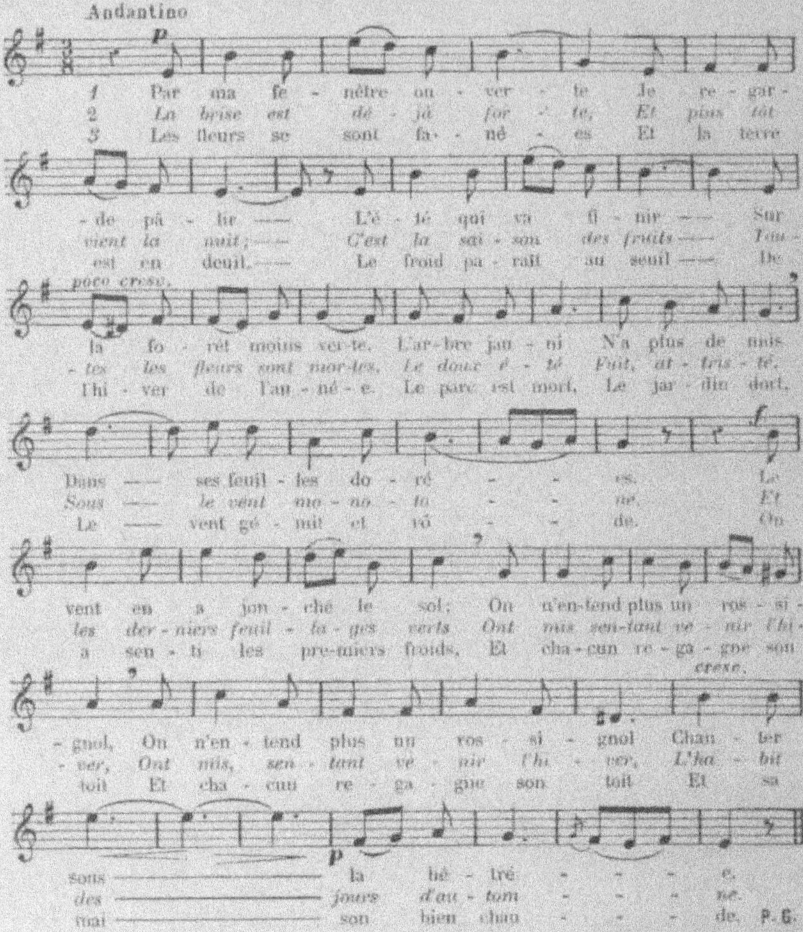

Andantino

p

1 Par ma fe - nêtre ou - ver - te Je re - gar -
2 *La brise est dé - jà for - te, Et plus tôt*
3 Les fleurs se sont fa - nê - es Et la terre

- de pâ - lir —— L'é - té qui va fi - nir —— Sur
vient la nuit; —— C'est la sai - son des fruits —— Tou -
est en deuil. —— Le froid pa - raît au seuil —— De

poco cresc.

la fo - rêt moins ver-te. L'ar-bre jau - ni N'a plus de nids
- tes les fleurs sont mor-tes. Le doux é - té Fuit, at - tris - té.
l'hi - ver de l'an - né - e. Le parc est mort. Le jar - din dort.

f

Dans —— ses feuil - les do - ré - - - es. Le
Sous —— le vent mo - no - to - - - ne. Et
Le —— vent gé - mit et rô - - - de. On

vent en a jon - ché le sol; On n'en-tend plus un ros - si -
les der - niers feuil - la - ges verts Ont mis sen-tant ve - nir l'hi -
a sen - ti les pre-miers froids, Et cha - cun re - ga - gne son

cresc.

- gnol, On n'en - tend plus un ros - si - gnol Chan - ter
- ver, Ont mis, sen - tant ve - nir l'hi - ver, L'ha - bit
toit Et cha - cun re - ga - gne son toit Et sa

p

sous —————— la hê - tré - - - - e.
des —————— jours d'au - tom - - - - ne.
mai —————— son bien chau - - - - de. P. G.

SOIXANTE-TROISIÈME LEÇON

§ 1. Lorsqu'une note au temps faible est suivie d'un silence au temps fort, le son de cette note ne se prolongeant pas, on obtient ce qu'on appelle un **contretemps.**

(1) **Grétry** (ANDRÉ-ERNEST-MODESTE), compositeur, né à Liège (Belgique), en 1741, mort à Montmorency en 1813.

§ 2. Quand on attaque le son sur la partie faible du temps, sans le prolonger sur le temps fort ou sur la partie forte du temps suivant on a encore un **contretemps**.

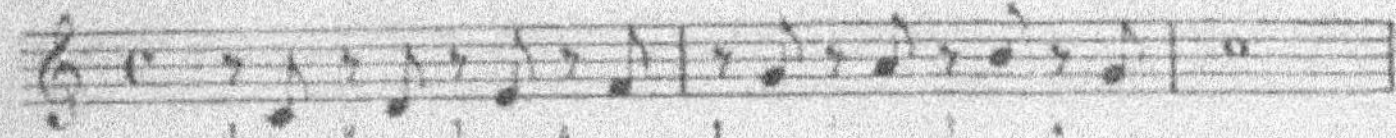

Cet exemple traduit en syncopes s'écrirait ainsi :

(a)

QUESTIONNAIRE

616. Quand obtient-on le contretemps ? — 617. Comment s'appellent ces différentes syncopes :

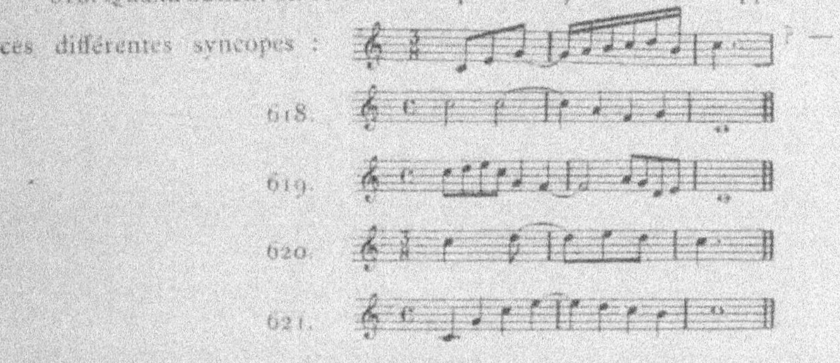

? —

618.

619.

620.

621.

DEVOIR

Ecrivez l'exercice suivant, mettez les chiffres indicateurs et indiquez les **syncopes** et les **contretemps** : 1re mesure, DO **grave, noire**, MI, **blanche**, FA, **noire** | 2e mesure, **demi-soupir**, SOL, **croche**, **demi-soupir**, LA, **croche**, **demi-soupir**, SI, **croche, demi-soupir**, RE, **croche** | 3e mesure, DO **noire**, **silence**, DO **grave**, **noire**, **silence** | 4e mesure, SOL, **noire**, **silence**, DO, **croche**, **demi-soupir**, MI, FA, SOL, **croches** | 5e mesure, LA, **noire**, RÉ **grave**, **blanche**, RÉ **aigu**, **noire**, lié ⁀ | 6e mesure, RE, **noire**, SOL, LA, SI, **noires** | 7e mesure, DO, **blanche**, SOL, **noire**, **silence** | 8e mesure, DO **grave**, **blanche silence**.

EXERCICES (à solfier)

(a) Le contretemps est donc comme une syncope dans laquelle la deuxième moitié de la note (celle qui occupe le temps fort), serait remplacée par un silence équivalent.

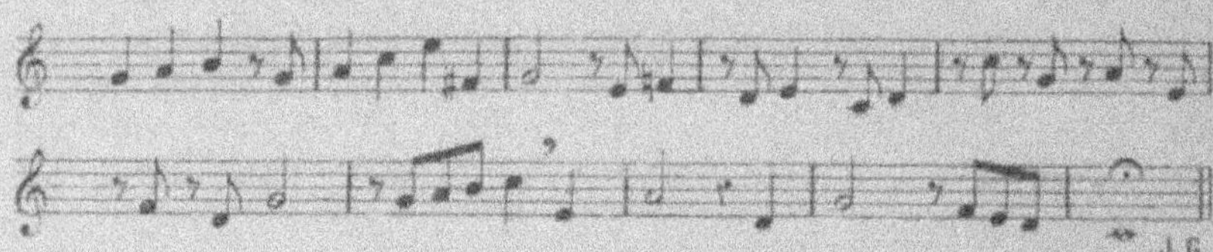

Leçon avec des **noires** et un **soupir** au premier et au troisième temps.

Moderato

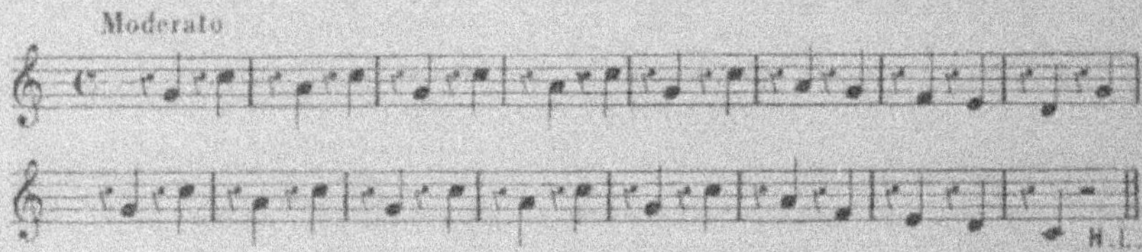

EXCELSIOR

AIR TIRÉ D'UNE CHANSON NORMANDE

SOIXANTE-QUATRIÈME LEÇON

§ 1. Il y a deux espèces de contretemps : le **contretemps égal** et le **contretemps inégal.**

§ 2. On appelle **contretemps égal** celui dont les deux parties, **note** et **silence**, ont la même durée.

§ 3. On appelle **contretemps inégal** celui dont l'une des deux parties est plus longue que l'autre : (a)

QUESTIONNAIRE

622. Combien y a-t-il d'espèces de contretemps et quelles sont-elles ? — 623. Qu'appelle-t-on contretemps égal ? — 624. Qu'appelle-t-on contretemps inégal ? — 625. Comment s'appellent ces divers contretemps : ; —

DEVOIR

Indiquez dans l'exercice suivant les contretemps égaux et les contretemps inégaux.

EXERCICES (à solfier)

(a) Remarquer ici encore la ressemblance avec les deux espèces de syncopes.

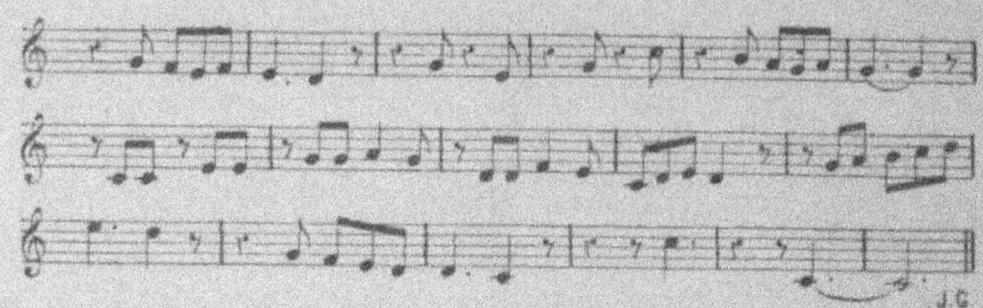

J.C

LES LOUPS

MENDELSSOHN

Moderato

1 Cha - que soir quand tout bruit s'est tu, Que tout au - tour de

nous Le sol de nuit s'est re - vê - tu, S'é - veil - lent les vieux

loups; Les vi - eux loups aux yeux é - teints De fa - tigue et d'en-

- nui, Vont de - man-der, mou - rant de faim, Leur pâ - ture à la nuit.

_Più animato

2 Mais dans la nuit ces af - fa - més A l'œil terne, au poil

gris, Ne trou-vent plus rien à gla-ner : Les hom - mes ont tout

pris. Ils vont, hur - lant de dé - ses-poir, Par la nuit sombre, ils

vont, Et pleu - rent sous les cieux tout noirs Leur lugubre a - ban-don.

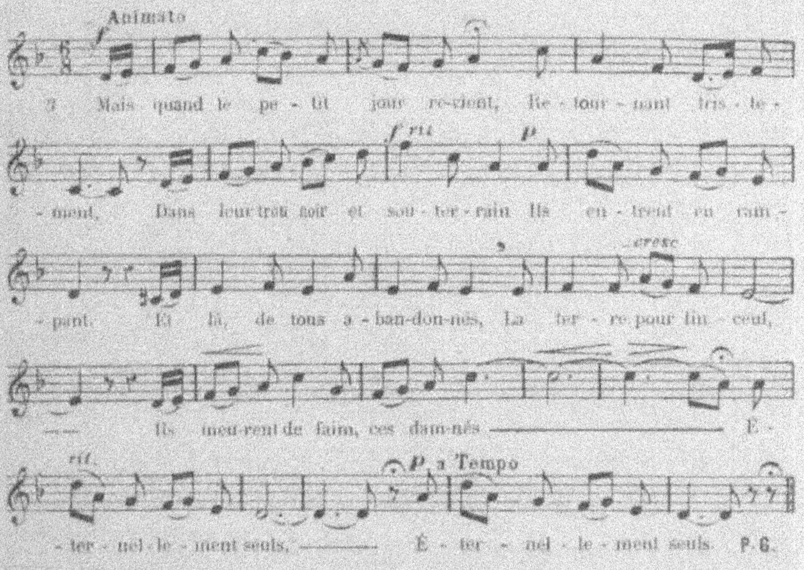

SOIXANTE-CINQUIÈME LEÇON

§ 1. Le **triolet** est la division ternaire d'une valeur de note simple. C'est comme un temps de mesure composée intercalé dans une mesure simple (a).

§ 2. On indique le **triolet** par le chiffre **3** placé au-dessus ou au-dessous du groupe de trois notes constituant le triolet

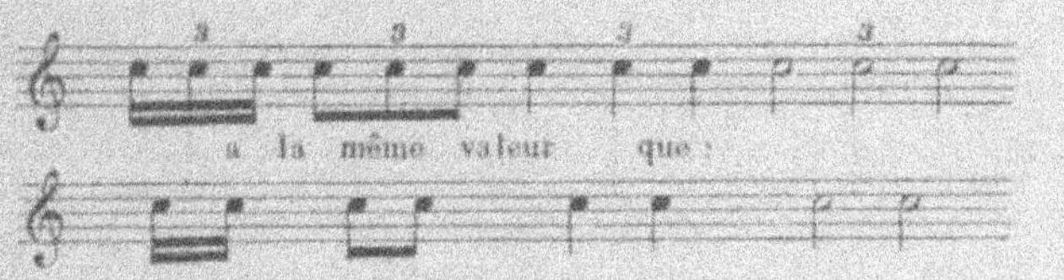

(a) Le triolet peut aussi n'occuper qu'une partie de temps :

{ Il vaut toujours deux notes binaires de la même espèce que celles dont il est formé.

QUESTIONNAIRE

631. Qu'est-ce que le triolet ? — 632. Comment indique-t-on le triolet ? — 633. Quelle valeur a ce triolet ? —

634. Quelle valeur a ce triolet ? —

635. Quelle valeur a ce triolet ? —

636. Quelle valeur a ce triolet ? —

637. Quelle valeur a ce triolet ? —

DEVOIR

Copiez cet exercice, mettez les chiffres indicateurs et les barres de mesure. En tout huit mesures.

Dites en quel ton est cet exercice.

EXERCICES (à solfier)

Leçon avec des **triolets**.

PAYS NATAL

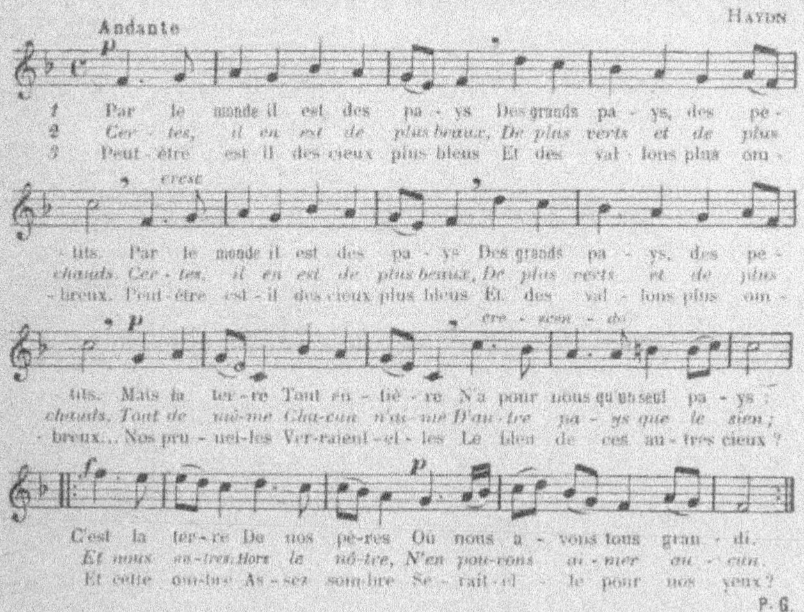

P. G.

SOIXANTE-SIXIÈME LEÇON

§ 1. Les trois notes qui forment le **triolet** doivent être jouées ou chantées dans le même laps de temps que les deux notes binaires qu'elles remplacent. Il faut donc qu'elles soient exécutées un peu plus brièvement que ces dernières.

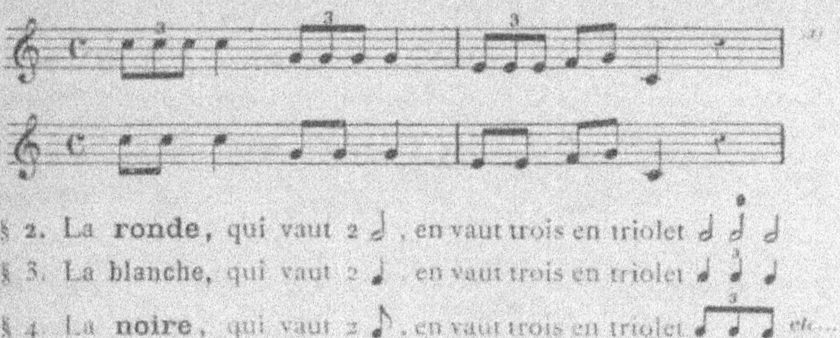

§ 2. La **ronde**, qui vaut 2 blanches, en vaut trois en triolet.

§ 3. La **blanche**, qui vaut 2 noires, en vaut trois en triolet.

§ 4. La **noire**, qui vaut 2 croches, en vaut trois en triolet etc...

(a) Dans la deuxième année, nous nous étendrons davantage. Nous verrons ce que sont le double-triolet, le quartolet, le quintolet, etc...

QUESTIONNAIRE

638. Comment doivent être jouées ou chantées les trois notes qui forment le triolet? — 639. Combien la ronde vaut-elle de blanches en triolet? — 640. Toujours en triolet, combien vaut-elle de noires? — 641. Combien la blanche vaut-elle de noires en triolet? — 642. Combien la noire vaut-elle de croches en triolet? — 643. Combien la croche vaut-elle de doubles croches en triolet? — 644. Combien la blanche vaut-elle de croches en triolet? — 645. Dans une mesure C, que vaut un triolet de croches? — 646. Dans une mesure ₵, que vaut un triolet de noires? — 647. Dans une mesure $\frac{3}{8}$, que vaut un triolet de doubles croches? — 648. Dans une mesure C, que vaut un triolet de doubles croches? — 649. Dans une mesure $\frac{3}{4}$, que vaut un triolet de croches? — 650. Que vaut un triolet de croches dans la mesure $\frac{2}{4}$? — 651. Combien la double croche vaut-elle de triples croches en triolet?

DEVOIR

Recopiez cet exercice, en mettant les chiffres indicateurs, les barres de mesure et en remplaçant les triolets par deux notes. En tout douze mesures.

Dites en quel ton est cet exercice.

EXERCICES (à solfier)

SOIXANTE-SEPTIÈME LEÇON

§ 1. En musique, il y a deux genres : le **genre diatonique** et le **genre chromatique**.

§ 2. Le genre **diatonique** a pour base la gamme modèle, c'est-à-dire qu'il procède par tons et demi-tons diatoniques. De là la gamme diatonique qui peut être majeure ou mineure.

§ 3. Le genre **chromatique** a pour base la gamme qui ne procède que par demi-tons successifs.

On appelle cette gamme : **gamme chromatique** (a).

§ 4. La **gamme chromatique** a **treize notes** au lieu de huit comme la gamme diatonique. Elle se compose de **sept demi-tons diatoniques** et **cinq demi-tons chromatiques.**

§ 5. Il est à remarquer que la treizième note n'est que la répétition de la première et porte le même nom ; il n'y a en réalité que **douze sons différents** (b).

§ 6. Un morceau de musique peut appartenir au genre diatonique ou au genre chromatique. Il peut participer des deux.

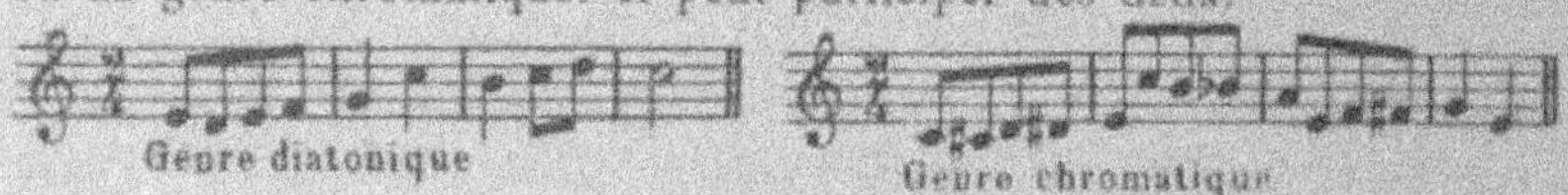

QUESTIONNAIRE

652. Combien y a-t-il de genres en musique et quels sont-ils ? — 653. Qu'est-ce que le genre diatonique ? — 654. Qu'est-ce que le genre chromatique ? — 655. Combien la gamme chromatique a-t-elle de notes ? — 656. Combien contient-elle de demi-tons diatoniques ? — 657. Combien contient-elle de demi-tons chromatiques ? — 658. Citez les notes formant les demi-tons diatoniques dans la gamme chromatique ? — 659. Citez les notes formant les demi-tons chromatiques ? — 660. A quel genre appartiennent ces mesures : ?

— 661. ?

— 662. ?

(a) Nous n'étudions ici que la gamme chromatique ayant pour point de départ la note Do. Dans le cours de deuxième année, nous parlerons des autres gammes chromatiques majeures et mineures, ainsi que d'un troisième genre : le genre enharmonique. — (Voir Leçon 70)

(b) La treizième note n'est là que pour terminer la gamme ou servir de point de départ à l'octave suivante.

DEVOIR

Ecrivez l'exercice suivant, mettez les chiffres indicateurs : 1re mesure, DO **grave**, DO ♯, RÉ, RÉ ♯, MI, FA, SOL, **doubles croches, quart de soupir** | 2e mesure, MI, FA, FA ♯, SOL, LA, SI, DO, **doubles croches, silence** | 3e mesure, DO **aigu,** MI, RÉ ♯, RÉ ♮, DO, SI, LA, LA ♭, **doubles croches** | 4e mesure, SOL, LA, SOL, FA, **doubles croches**, MI, **croche,** RÉ, **double croche, silence** | 5e mesure, DO ♯, RÉ, MI, FA, FA ♯, SOL, LA, LA ♯, **doubles croches** | 6e mesure, SI, DO, DO ♯, RÉ, **doubles croches**, MI, **noire** | 7e mesure, RÉ **grave**, MI, FA, FA ♯, SOL, SOL ♯, LA, LA ♯, **doubles croches** | 8e mesure, SI **croche,** DO, RÉ, **doubles croches,** DO, **croche, silence.**

Gamme chromatique en **Ut, mode majeur**

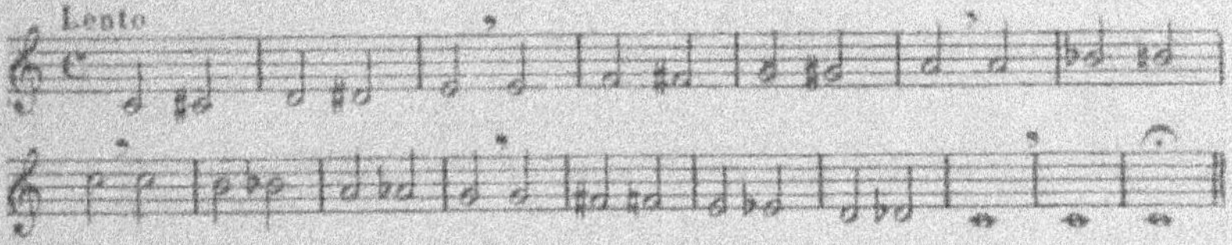

Lento

EXERCICES CHROMATIQUES (à solfier)

Lent

Andantino

J. G.

LE VENT

SCHUBERT

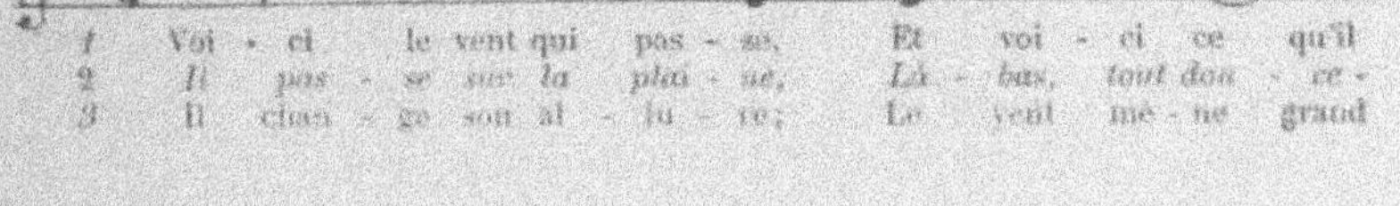

Andante

1 Voi - ci le vent qui pas - se, Et voi - ci ce qu'il
2 *Il pas - se sur la plai - ne, Là - bas, tout dou - ce -*
3 Il chan - ge son al - lu - re; Le vent mè - ne grand

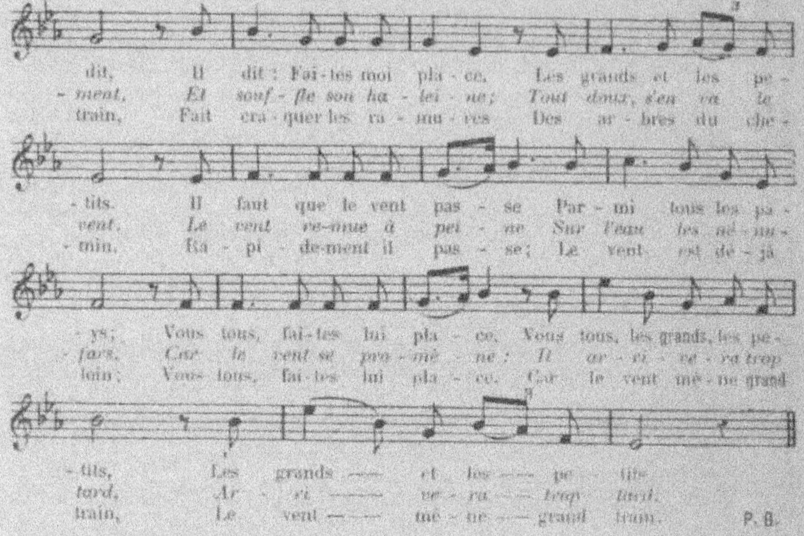

SOIXANTE-HUITIÈME LEÇON

§ 1. Les intervalles de même nom ne sont pas tous égaux.

§ 2. Il y a plusieurs espèces de **2es**, de **3ces**, de **4tes**, etc.

§ 3. On les désigne par des **qualifications diverses**. Ces qualifications sont : **Juste**, **Majeur**, **Mineur**, **Diminué**, **augmenté** (a).

§ 4. On les applique aux intervalles suivant le nombre de tons et de demi-tons qu'ils contiennent et aussi suivant l'espèce des demi-tons.

§ 5. Le **ton** (le plus grand espace séparant deux degrés conjoints) est l'**unité** qui sert d'évaluation pour mesurer les intervalles.

QUESTIONNAIRE

663. Les intervalles de même nom sont-ils égaux ? — 664. Quelles sont leurs diverses qualifications ? — 665. Comment applique-t-on les qualifications aux intervalles ? — 666. Quelle est l'unité d'évaluation pour mesurer les intervalles.

DEVOIR

Copiez cet exercice, mettez les barres de mesure et les chiffres indicateurs. En tout seize mesures.

(a) Il y a aussi des intervalles sur-augmentés et sous-diminués, dont nous ne parlerons que dans le volume de 2me année.

(a) Imité de la « *Romanesca* », chant populaire.

SOIXANTE-NEUVIÈME LEÇON

§ 1. Nous allons prendre la **gamme modèle** de **Do majeur** et analyser les différents intervalles formés sur le premier degré. Ceux-ci une fois connus, servent de base pour mesurer tous les autres, et connaître les qualifications par lesquelles on les désigne.

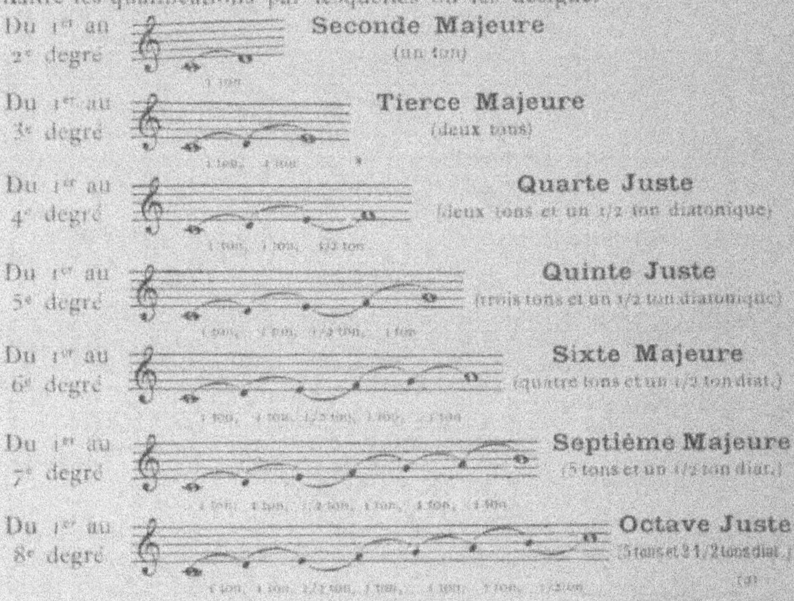

(a) Observer et **retenir** que la 4te, la 5te et l'8ve, sont les seuls intervalles auxquels s'applique la qualification de **Juste;** les autres, c'est-à-dire la 2de, la 3ce, la 6te et la 7me, sont appelés **Majeur**. Ceci a une très grande importance.

QUESTIONNAIRE

667. Quel est cet intervalle ? —

668. Quel est cet intervalle ? —

669. Quel est cet intervalle ? —

670. Quel est cet intervalle ? —

671. Quel est cet intervalle ? —

672. Quel est cet intervalle ? —

673. Quel est cet intervalle ? —

674. Quelle est la composition de la Tierce Majeure ? — 675. Quelle est la composition de la Quarte juste ? — 676. Quel est l'intervalle qui contient cinq tons et deux demi-tons diatoniques ? — 677. Quelle est la composition de la Quinte juste ? — 678. Quel est l'intervalle qui contient cinq tons et un demi-ton diatonique ? — 679. Quelle est la composition de la Seconde Majeure. — 680. Quel est l'intervalle qui contient quatre tons et un demi-ton diatonique ?

DEVOIR

Copiez cet exercice, mettez les barres de mesure et les chiffres indicateurs. En tout huit mesures.

EXERCICES (à solfier)

Andante

p

GOSSEC

Moderato

p

f

p

p

f

Dimin

p

p

p

Riten.

p

p

GOUNOD

CHANSON DE MARIE STUART

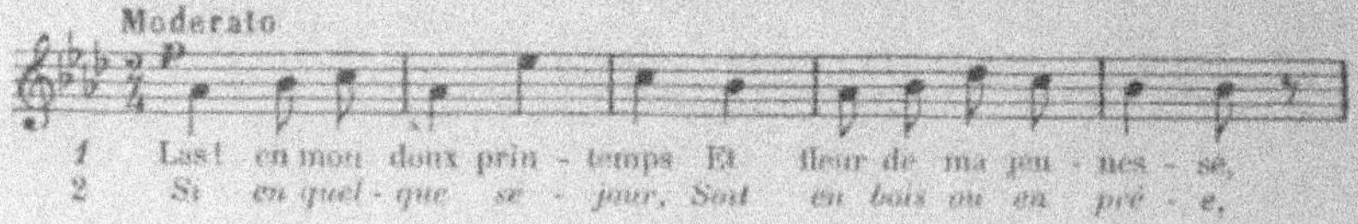

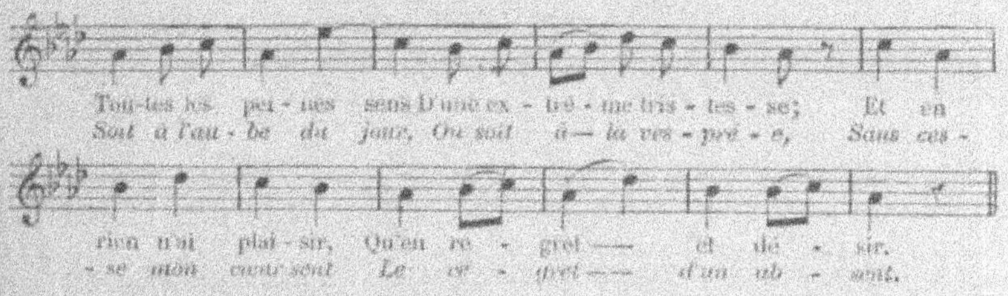

SOIXANTE-DIXIÈME LEÇON

§ 1. On peut agrandir ou amoindrir **un intervalle** au moyen des **demi-tons chromatiques** qu'on ajoute ou qu'on retranche, sans pour cela changer le nombre de ses degrés ni son nom.

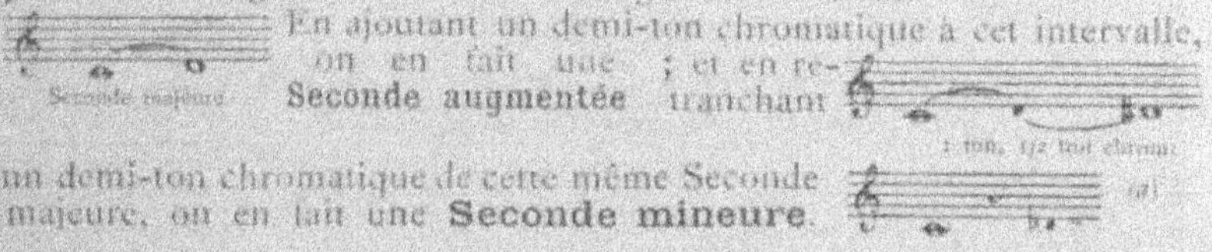

En ajoutant un demi-ton chromatique à cet intervalle, on en fait une **Seconde augmentée**; et en retranchant un demi-ton chromatique de cette même Seconde majeure, on en fait une **Seconde mineure**. (a)

§ 2. La composition de la **Seconde mineure** (plus petite d'un demi-ton chromatique que la Seconde majeure), est de **un demi-ton diatonique**. La composition de la **Seconde augmentée** (plus grande d'un demi-ton chromatique que la Seconde majeure), est de **un ton** et **un demi-ton chromatique.**

QUESTIONNAIRE

681. Comment agrandit-on ou amoindrit-on un intervalle sans qu'il change de nom? — 682. Quel intervalle obtient-on en ajoutant un demi-ton chromatique à la Seconde majeure? — 683. Quel intervalle obtient-on en retranchant un demi-ton chromatique à la Seconde majeure? — 684. Quelle est la composition de la Seconde mineure? — 685. Quelle est la composition de la Seconde augmentée? — 686. Dans la gamme majeure, quel intervalle sépare le 1er degré du 4e? — 687. Quel intervalle sépare le 1er degré du 7e? — 688. Quel intervalle sépare le 1er degré du 3e? — 689. Quel intervalle sépare le 1er degré du 6e? — 690. Quelle note forme une Seconde mineure sur Sol? — 691. Quelle note forme une Tierce majeure sur Sol? — 692. Quelle note forme une Tierce mineure sur Fa?

(a) Toutes les fois qu'on retire un demi-ton chromatique à un Intervalle Majeur (ce qui veut dire : grand), cet intervalle prend la qualification de Mineur (ce qui veut dire : petit). — Si au contraire on le lui ajoute, il devient augmenté (plus grand que majeur). Ceci s'applique à tous les Intervalles dits majeurs (Voir la leçon précédente : *note*).

DEVOIR

Dans cet exercice indiquez les intervalles ascendants ou descendants de 2e mineure, de 2e majeure, de 2e augmentée.

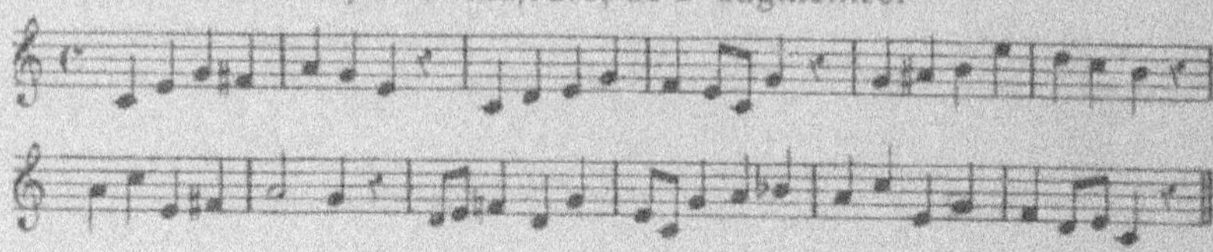

EXERCICES (à solfier)

LA MER

MENDELSSOHN

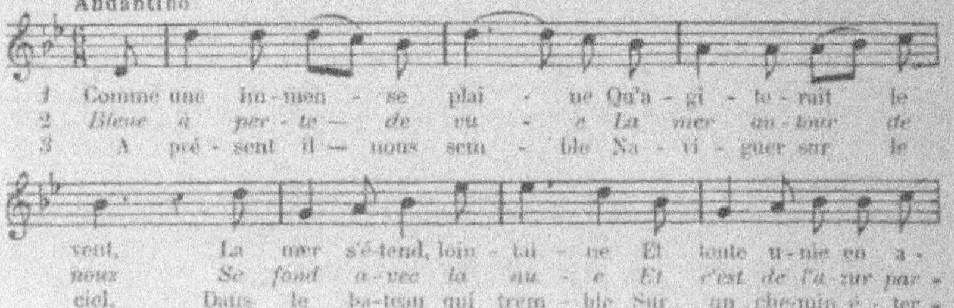

SOIXANTE-ET-ONZIÈME LEÇON

§ 1. En ajoutant **un demi-ton chromatique** à cet intervalle on en fait une **Tierce augmentée** et en retranchant **un demi-ton chromatique** de cette même Tierce majeure, on en fait une **Tierce mineure** (a).

§ 2. La **Tierce mineure** (plus petite d'un demi-ton chromatique que la Tierce majeure) se compose de **un ton** et **un demi-ton diatonique;** la composition de la **Tierce augmentée** (plus grande d'un demi-ton chromatique que la Tierce majeure) est de **deux tons** et **un demi-ton chromatique.**

QUESTIONNAIRE

693. Quel intervalle obtient-on en ajoutant un demi-ton chromatique à la Tierce majeure? — 694. Quel intervalle obtient-on en retranchant un demi-ton chromatique à la Tierce majeure? — 695. Quelle est la composition de la Tierce augmentée? — 696. Quelle est la composition de la Tierce mineure? — 697. De combien la Tierce augmentée est-elle plus grande que la Tierce majeure? — 698. De combien la Tierce mineure est-elle plus petite que la Tierce majeure? — 699. Quelle note forme une Quinte juste sur Ré? — 700. Quelle note forme une Seconde mineure sur Si? — 701. Quelle note forme une Quarte juste sur Ré? — 702. Quelle note forme une Seconde mineure sur La? — 703. Quelle note forme une Tierce mineure sur Mi? — 704. Quelle note forme une Tierce majeure sur Ré?

DEVOIR

Indiquez dans cet exercice les tierces mineures, majeures et augmentées.

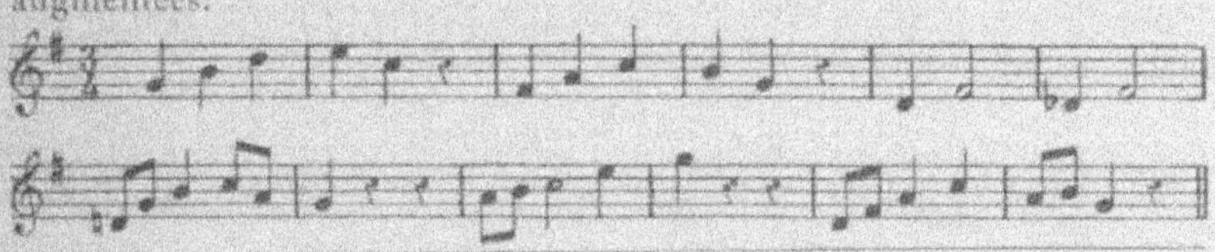

(a) Retire les notes des deux Leçons précédentes.

EXERCICES (à solfier)

SOLEIL COUCHANT

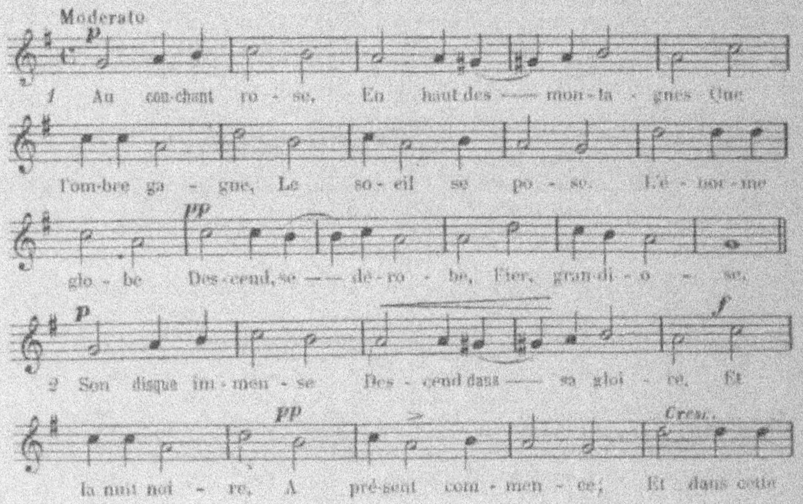

P.G.

SOIXANTE-DOUZIÈME LEÇON

§ 1. 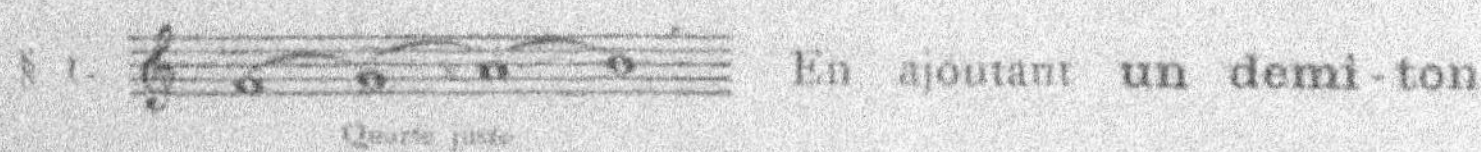 Quarte juste En ajoutant **un demi-ton chromatique** à cet intervalle on en fait une **Quarte augmentée** (1 ton, 1 ton, 1/2 ton D., 1/2 ton chr.) et en retranchant **un demi-ton chromatique** de cette même Quarte juste, on en fait une **Quarte diminuée** (1 ton, 1/2 ton D., 1/2 ton D.). Il faut remarquer que la Quarte diminuée, comme la Quarte juste et la Quarte augmentée, contient trois espaces diatoniques, c'est-à-dire qu'on ne saurait l'analyser sans passer par le premier espace compris entre **Do, Ré,** le deuxième entre **Ré, Mi**, et le troisième entre **Mi**, **Fa**. Il en est de même pour tous les **intervalles** (a).

§ 2. La **Quarte diminuée** (plus petite d'un demi-ton chromatique que la Quarte juste), se compose de **un ton** et **deux demi-tons diatoniques;** la **Quarte augmentée** (plus grande d'un demi-ton chromatique que la Quarte juste), se compose de **deux tons**, **un demi-ton diatonique** et **un demi-ton chromatique**.

On donne souvent le nom de **Triton** (trois tons) à la **Quarte augmentée.** (b) Quarte augmentée (Trois tons)

QUESTIONNAIRE

705. Quel intervalle obtient-on en ajoutant un demi-ton chromatique à une Quarte juste? — 706. Quel intervalle obtient-on en retranchant un demi-ton chromatique à une Quarte juste? — 707. Quelle est la composition de la Quarte augmentée? — 708. Quelle est la composition de la Quarte diminuée? — 709. Quel nom donne-t-on à l'intervalle de Quarte augmentée? — 710. Quelle note forme une Quarte augmentée sur Ré? — 711. Quelle note forme une Quarte augmentée sur Fa? — 712. Quelle note forme une Quarte diminuée sur Ré? — 713. Quelle

(a) Toutes les fois qu'on retire un demi-ton chromatique à un intervalle juste, cet intervalle prend la qualification de Diminué. Si au contraire on le lui ajoute, il devient Augmenté (plus grand que juste).

Ceci s'applique à tous les intervalles dits Justes (Voir Leçon 69 : *note*).

(b) L'addition d'un demi-ton diatonique et d'un demi-ton chromatique forme un ton entier.

note forme une Quarte diminuée sur Mi ? — 714. Quelle note forme une Quarte augmentée sur La ? — 715. Dans la gamme majeure, quel intervalle sépare le 4ᵉ degré du 7ᵉ ? — 716. Dans la gamme majeure, quel intervalle sépare le 2ᵉ degré du 5ᵉ ?

DEVOIR

Indiquez dans cet exercice les Quartes diminuées, justes et augmentées.

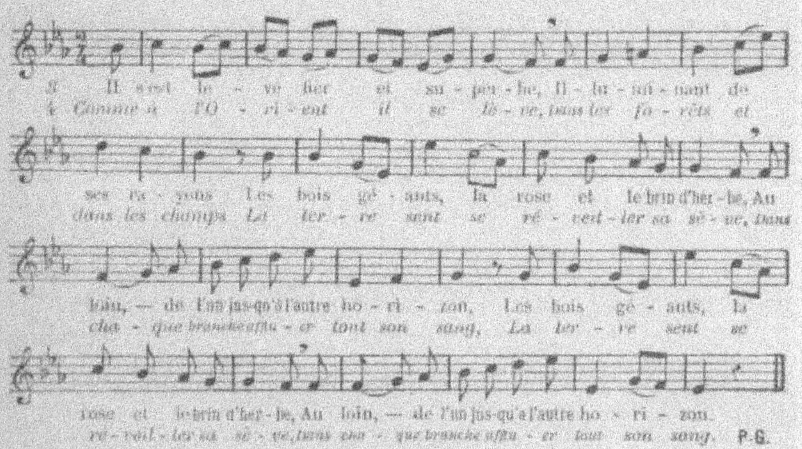

P.G.

SOIXANTE-TREIZIÈME LEÇON

§ 1. En ajoutant à cet intervalle un **demi-ton chromatique** on obtient une **Quinte augmentée**

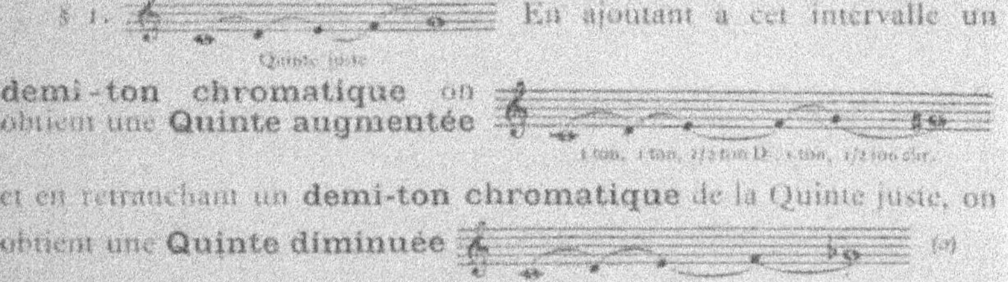

et en retranchant un **demi-ton chromatique** de la Quinte juste, on obtient une **Quinte diminuée** (a)

1 ton, 1 ton, 1/2 ton D., 1/2 ton D.

§ 2. La **Quinte diminuée** (plus petite d'un demi-ton chromatique que la Quinte juste) se compose de **deux tons et deux demi-tons diatoniques.**

§ 3. La **Quinte augmentée** (plus grande d'un demi-ton chromatique que la Quinte juste) se compose de **trois tons, un demi-ton diatonique** et **un demi-ton chromatique.**

QUESTIONNAIRE

717. Quel intervalle obtient-on en ajoutant un demi-ton chromatique à une Quinte juste? — 718. Quel intervalle obtient-on en retranchant un demi-ton chromatique à une Quinte juste? — 719. Quelle est la composition de la Quinte augmentée? — 720. Quelle est la composition de la Quinte diminuée? — 721. De combien la Quinte augmentée est-elle plus grande que la Quarte augmentée? — 722. Quelle note forme

(a) Relire les notes de la Leçon précédente et de la Leçon 69.

une Quinte augmentée sur Ré? — 723. Quelle note forme une Quinte diminuée sur La? — 724. Quelle note forme une Quinte augmentée sur Fa? — 725. Quelle note forme une Quinte augmentée sur Sol? — 726. Quelle note forme une Quinte diminuée sur Fa? — 727. Quelle note forme une Quinte diminuée sur Sol?

DEVOIR

Indiquez dans cet exercice les Quintes diminuées, justes et augmentées.

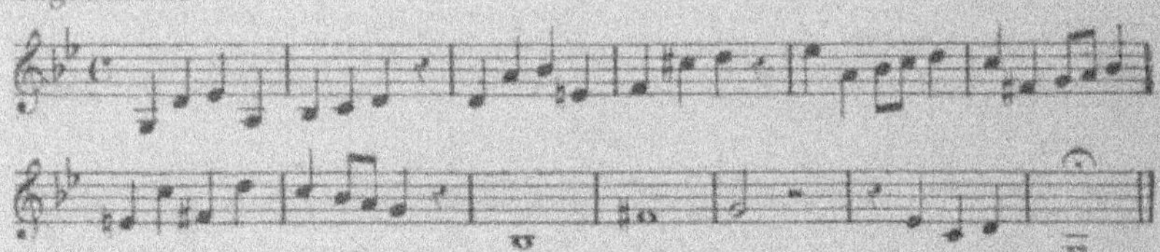

EXERCICES (à solfier)

LES PAPILLONS

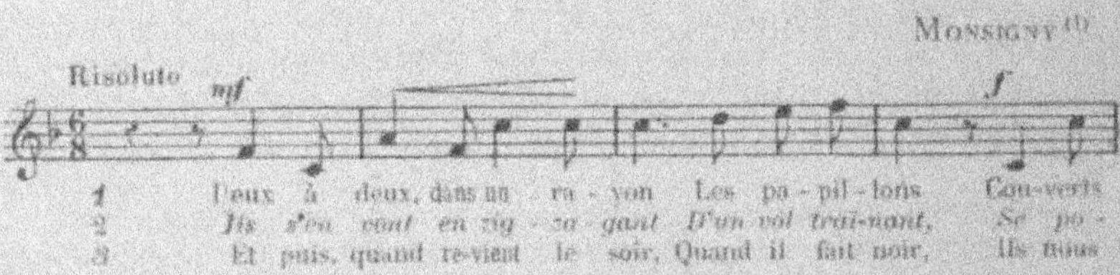

(1) **Monsigny** (Pierre-Alexandre), compositeur, né à Fauquembert (France), en 1729, mort à Paris en 1817.

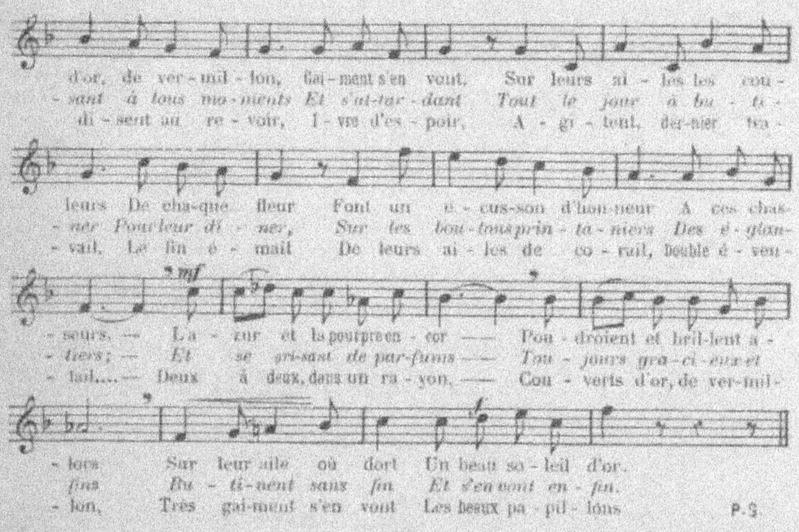

SOIXANTE-QUATORZIÈME LEÇON

§ 1. En ajoutant un **demi-ton chromatique** à la Sixte majeure, on obtient une **Sixte augmentée;** en retranchant un **demi-ton chromatique** de cette même Sixte majeure, on obtient une **Sixte mineure.** (a)

§ 2. La **Sixte mineure** (plus petite d'un demi-ton chromatique que la Sixte majeure) se compose de **trois tons** et **deux demi-tons diatoniques.**

§ 3. La **Sixte augmentée** (plus grande d'un demi-ton chromatique que la Sixte majeure) se compose de **quatre tons, un demi-ton diatonique** et **un demi-ton chromatique.**

QUESTIONNAIRE

728. Quel intervalle obtient-on en ajoutant un demi-ton chromatique à la Sixte majeure? — 729. Quel intervalle obtient-on en retranchant un demi-ton chromatique à la Sixte majeure? — 730. Quelle est la compo-

(a) Relire les notes des Leçons 69 et 70.

sition de la Sixte augmentée ? — 731. Quelle est la composition de la Sixte mineure ? — 732. Quelle note forme une Sixte augmentée sur Sol ? — 733. Quelle note forme une Sixte mineure sur Ré ? — 734. Quel est cet intervalle ? — 735. Quel est cet intervalle ? — 736. Quel est cet intervalle ? — 737. Quelle note forme une Sixte mineure sur Si ? — 738. Quelle note forme une Sixte majeure sur Si ?

DEVOIR

Indiquez dans cet exercice les Sixtes mineures, majeures et augmentées.

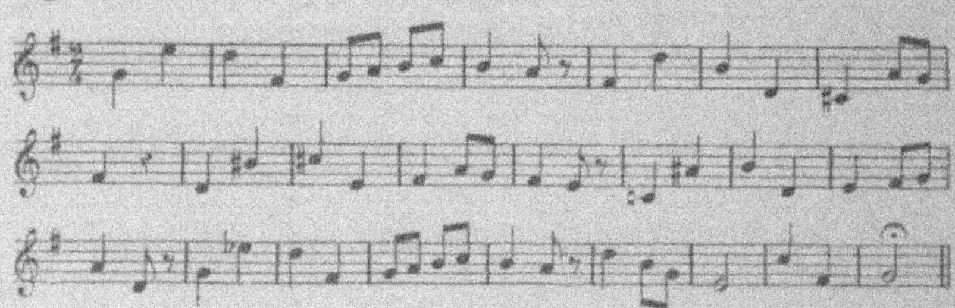

EXERCICES (à solfier)

AU JARDIN

BEETHOVEN

SOIXANTE-QUINZIÈME LEÇON

§ 1. [Septième majeure] Un **demi-ton chromatique** ajouté à cet intervalle en fait une **Septième augmentée ;**

1 ton, 1 ton, 1/2 ton D., 1 ton, 1 ton, 1 ton, 1/2 ton chr.

un **demi-ton chromatique** retranché de ce même intervalle en fait une **Septième mineure.** (a)

1 ton, 1 ton, 1/2 ton D., 1 ton, 1 ton, 1/2 ton D.

§ 2. La **Septième mineure** (plus petite d'un demi-ton chromatique que la Septième majeure) se compose de **quatre tons** et **deux demi-tons diatoniques.**

§ 3. La composition de la **Septième augmentée** (plus grande d'un demi-ton chromatique que la Septième majeure) est de **cinq tons, un demi-ton diatonique** et **un demi-ton chromatique**.

QUESTIONNAIRE

739. Quel intervalle obtient-on en ajoutant un demi-ton chromatique à la Septième majeure ? — 740. Quel intervalle obtient-on en retranchant un demi-ton chromatique à la Septième majeure ? — 741. Quelle est la composition de la Septième augmentée ? — 742. Quelle est la composition de la Septième mineure ? — 743. Quelle note forme une Septième mineure sur Ré ? — 744. Quelle note forme une Septième augmentée sur Fa ? — 745. Quelle note forme une Septième majeure sur Ré ?

746. Quel est cet intervalle [portée] ? —

747. Quel est cet intervalle [portée] ? —

748. Quel est cet intervalle [portée] ? —

749. Quel est cet intervalle [portée] ? —

(a) Relire les notes des Leçons 69 et 70.

(b) Cet intervalle est purement théorique, et n'a pour ainsi dire jamais d'emploi dans la pratique.

DEVOIR

Indiquez dans cet exercice les Septièmes mineures, majeures et augmentées.

SOIXANTE-SEIZIÈME LEÇON

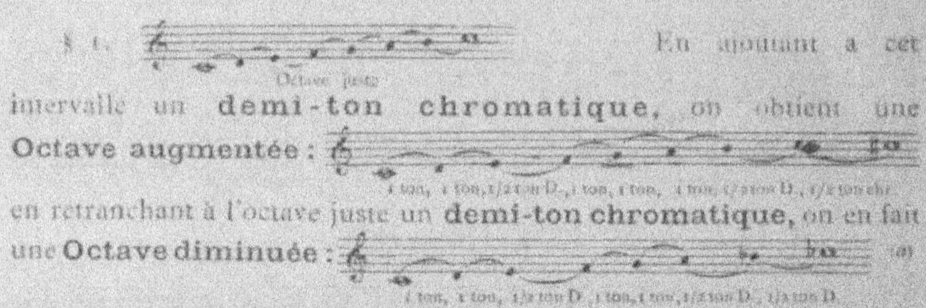

§ 1. (Octave juste) En ajoutant à cet intervalle un **demi-ton chromatique,** on obtient une **Octave augmentée :** (1 ton, 1 ton, 1/2 ton D., 1 ton, 1 ton, 1 ton, 1/2 ton D., 1/2 ton chr.) en retranchant à l'octave juste un **demi-ton chromatique,** on en fait une **Octave diminuée :** (1 ton, 1 ton, 1/2 ton D., 1 ton, 1 ton, 1/2 ton D., 1/2 ton D.) (a)

§ 2. L'**Octave diminuée** (plus petite d'un demi-ton chromatique que l'Octave juste) se compose de **quatre tons** et **trois demi-tons diatoniques.**

§ 3. L'**Octave augmentée** (plus grande d'un demi-ton chromatique que l'Octave juste) se compose de **cinq tons, deux demi-tons diatoniques** et **un demi-ton chromatique.**

QUESTIONNAIRE

750. Quel intervalle obtient-on en ajoutant un demi-ton chromatique à l'Octave juste ? — 751. Quel intervalle obtient-on en retranchant un demi-ton chromatique à l'Octave juste ? — 752. Quelle est la composition de l'Octave augmentée ? — 753. Quelle est la composition de l'Octave diminuée ?

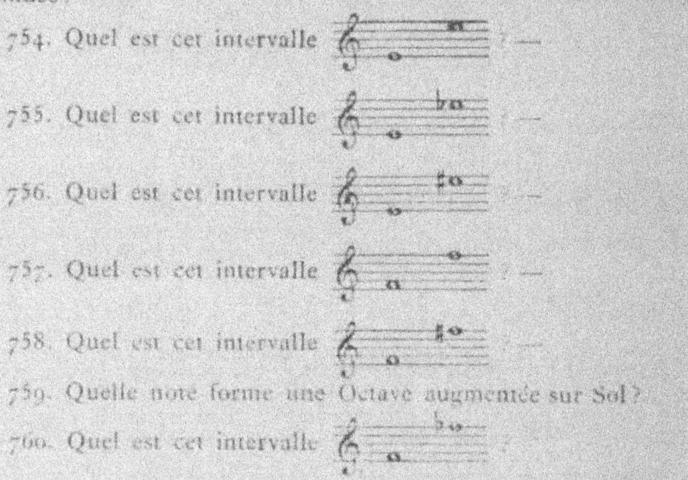

754. Quel est cet intervalle ? —

755. Quel est cet intervalle ? —

756. Quel est cet intervalle ? —

757. Quel est cet intervalle ? —

758. Quel est cet intervalle ? —

759. Quelle note forme une Octave augmentée sur Sol ?

760. Quel est cet intervalle ?

(a) Relire les notes des Leçons 69 et 72.
Toutes ces notes réunies (Leçons 69, 70, 72) forment une règle précise qu'il est bon de savoir par cœur.

DEVOIR

Indiquez les Octaves diminuées, justes et augmentées.

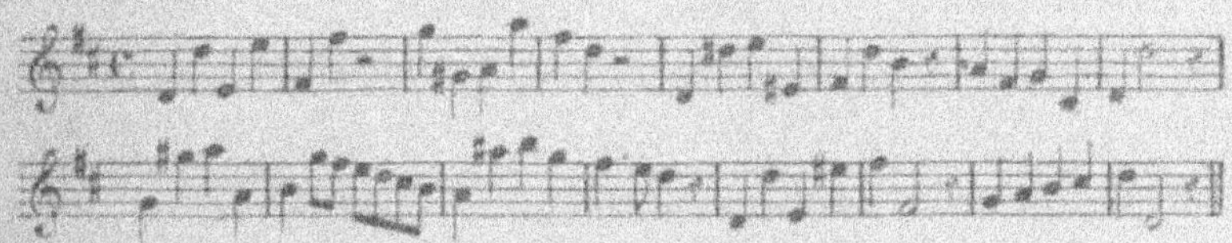

EXERCICES (à solfier)

LES PÊCHEURS

Dalayrac (1)

(1) **Dalayrac** (Nicolas), compositeur dramatique, né le 13 juin 1753 à Muret en Languedoc, mort à Paris le 27 novembre 1809.

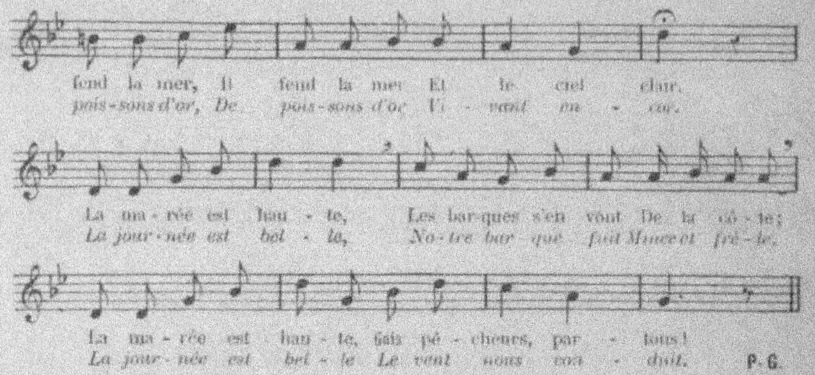

SOIXANTE-DIX-SEPTIÈME LEÇON

Récapitulation des Intervalles

§ 1. En examinant les exemples qui précèdent, on peut voir que la qualification de **Juste** n'appartient qu'à la 4e, la 5e et l'8^ve^, et jamais à la 2e, la 3^ce^, la 6te et la 7e qui, en revanche, peuvent être qualifiées de **Majeures** et **Mineures**; tous les intervalles peuvent être **diminués** et **augmentés.** (a)

§ 2. La **première Juste** est un intervalle nul puisque les deux sons qui la composeraient seraient identiquement semblables. C'est ce qu'on appelle **unisson,** l'absence d'intervalle : (b) (c).

QUESTIONNAIRE

761. Quelles sont les qualifications que peut avoir la 4te? — 762. Quelles sont les qualifications que peut avoir la 3^ce^? — 763. Quelles sont les qualifications que peut avoir l'8^ve^? — 764. Quelles sont les qualifications que peut avoir la 5te? — 765. Quelles sont les qualifications que peut avoir la 2e? — 766. Quelles sont les qualifications que peut avoir la 7e? — 767. Quelles sont les qualifications que peut avoir la 6te? — 768. La première Juste, est-elle un intervalle? — 769. Quel intervalle y a-t-il de la Sus-tonique à la Sous-dominante dans la gamme majeure? — 770. Quel intervalle y a-t-il de la Médiante à la Sus-dominante dans la gamme majeure?

(a) Nous parlerons, dans la deuxième année, des intervalles pouvant être sous-diminués et sur-augmentés.

(b) Le nom de première ne peut être donné qu'à la première augmentée, formée d'un demi-ton chromatique :

(c) La première diminuée ne peut exister, parce qu'elle serait plus petite que l'unisson, c'est-à-dire plus petite que rien.

DEVOIR

Indiquez dans cet exercice les intervalles justes et augmentés.

Cresc.
Riten.
a Tempo
p
p
Cresc.
f
p
mf
Cresc.
f
H. L.
Andante
mf
Tempo
Poco riten.
mf
Rallent.
BOËLY

LE GRILLON

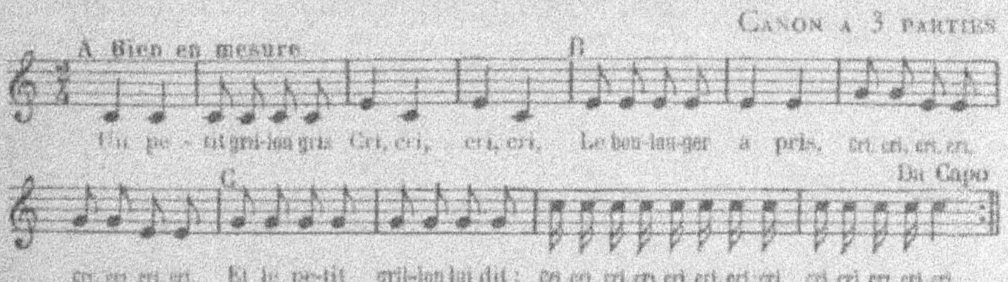

LA CACHETTE

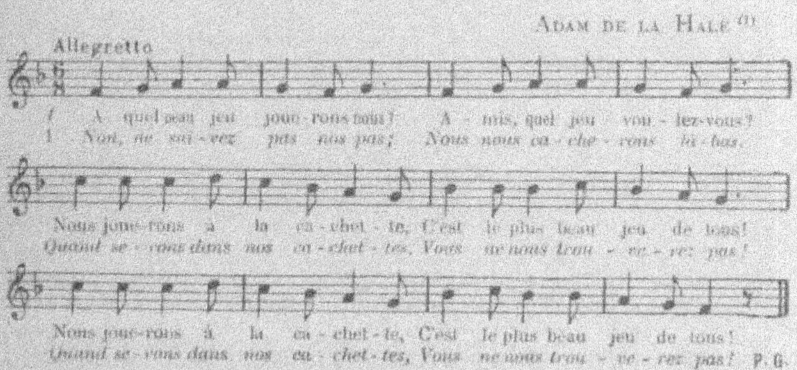

SOIXANTE-DIX-HUITIEME LEÇON

§ 1. L'élève remarquera que, si au lieu de retrancher **un demi-ton chromatique** à un intervalle, on lui retranchait **un demi-ton diatonique**, cet intervalle changerait de nom.

§ 2. Si on retranche à cette Quarte juste **un demi-ton diatonique**, cet intervalle deviendra **Tierce majeure** : et si l'on ajoute à cette même Quarte juste **un demi-ton diatonique**, elle deviendra **Quinte diminuée** (a)

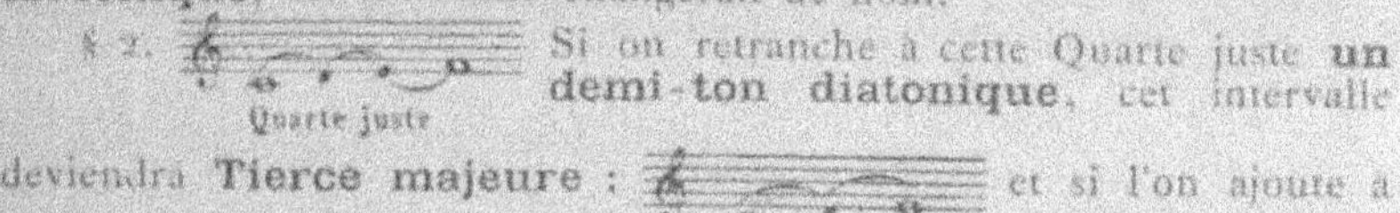

(1) **Adam de la Hale** (surnommé le Bossu d'Arras), trouvère, né à Arras vers 1240, mort à Naples vers 1287.

(a) La théorie des Intervalles, telle qu'elle est ébauchée dans les Leçons précédentes, suffit aux besoins d'un élève de première année ; dans le deuxième volume, elle sera l'objet d'un développement beaucoup plus considérable.

§ 3. Les modifications aux Intervalles, qui entraînent des qualifications diverses *sans que le nom lui-même de l'intervalle soit changé*, ne peuvent donc être obtenues que par l'adjonction ou la suppression de **demi-tons chromatiques.**

QUESTIONNAIRE

771. Si l'on retranche un demi-ton diatonique à la Quarte juste, que devient cet intervalle ? — 772. Si l'on retranche un demi-ton diatonique à la Sixte majeure, que devient cet intervalle ? — 773. Si l'on retranche un demi-ton diatonique à la Quinte juste, que devient cet intervalle ? — 774. Si l'on ajoute un demi-ton diatonique à la Quarte juste, que devient cet intervalle ? — 775. Si l'on ajoute un demi-ton diatonique à la Sixte majeure, que devient cet intervalle ? — 776. Si l'on ajoute un demi-ton diatonique à la Quinte juste, que devient cet intervalle ?

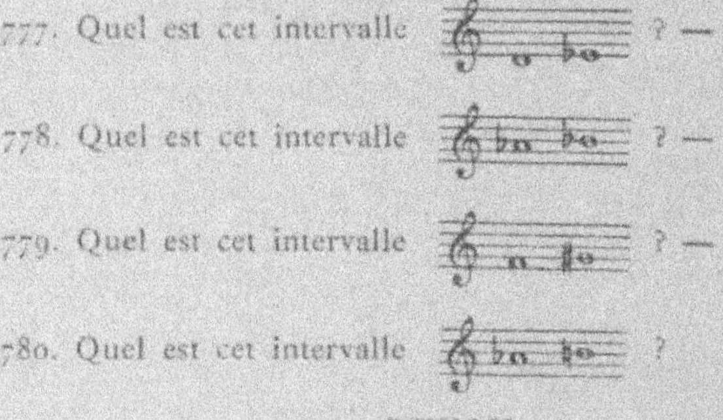

777. Quel est cet intervalle ? —

778. Quel est cet intervalle ? —

779. Quel est cet intervalle ? —

780. Quel est cet intervalle ?

DEVOIR

Indiquez dans cet exercice les intervalles majeurs et mineurs ; mettez les barres de mesure.

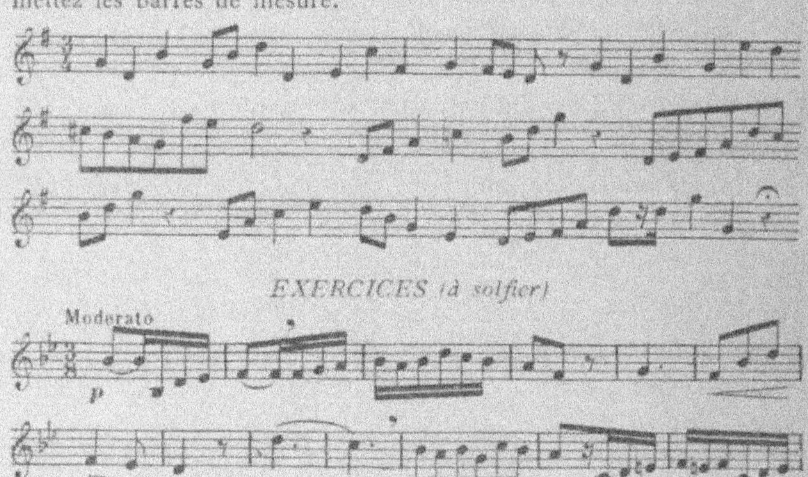

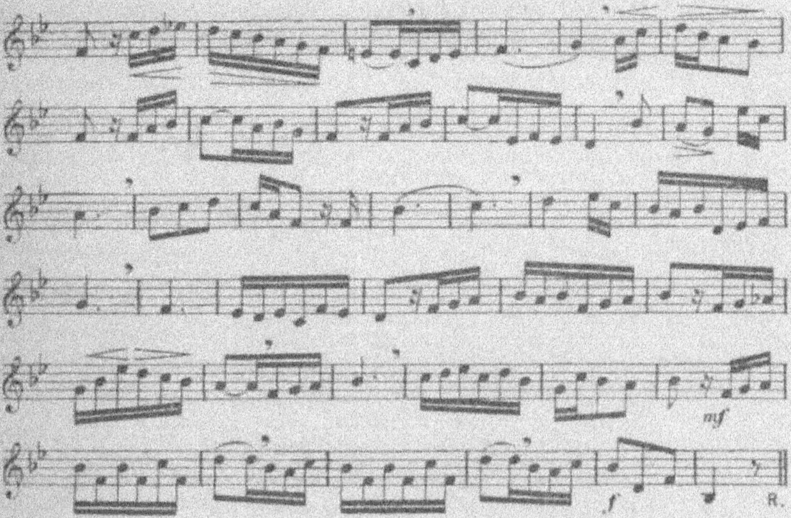

R.

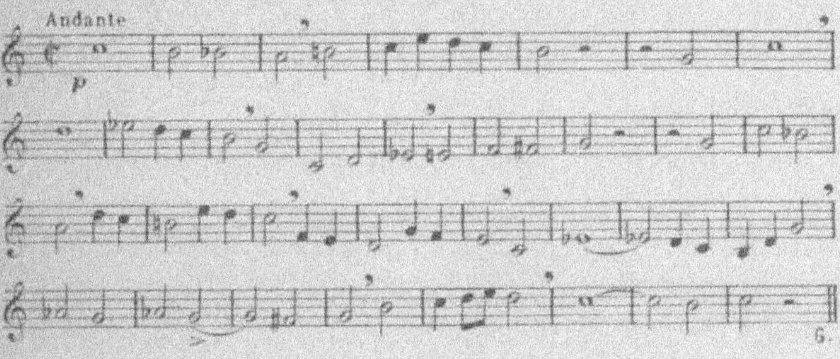

Andante

G.

LE BAL DES SAISONS

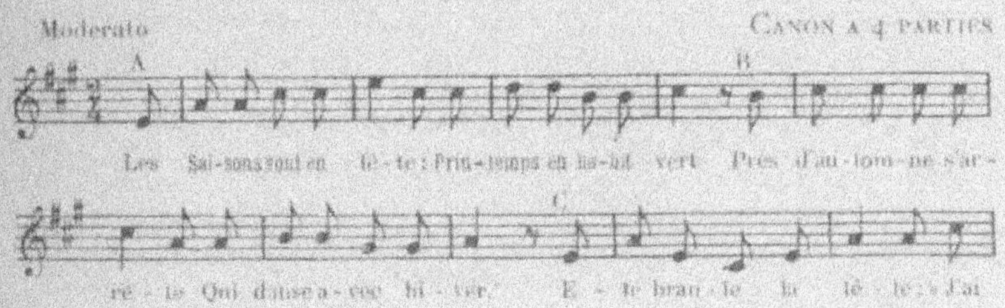

LE PETIT FERME-L'OEIL

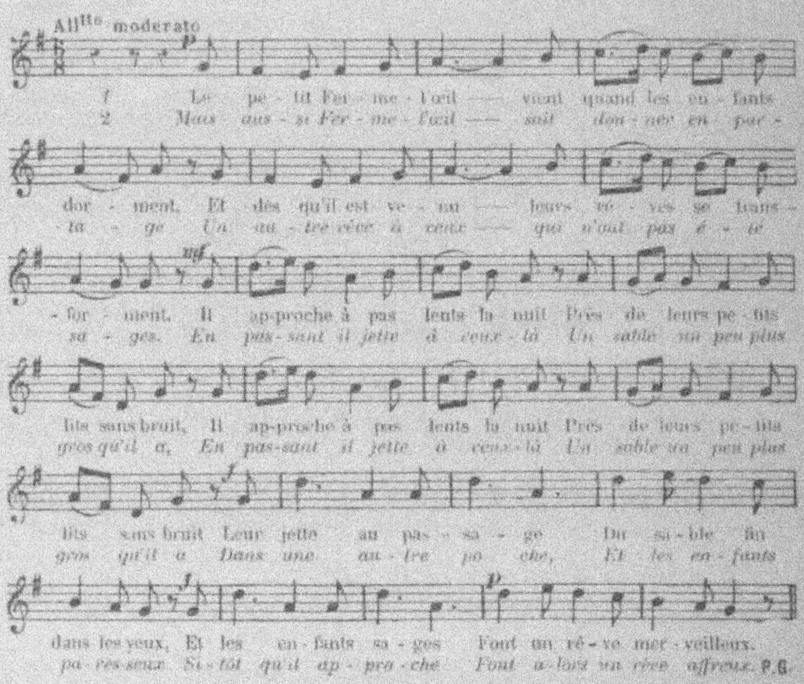

SOIXANTE-DIX-NEUVIÈME LEÇON

§ 1. On appelle **enharmonie** la très légère différence qui existe entre deux notes telles que **fa♯ sol♭, la♭ sol♯, si♯ do** naturel, etc.

§ 2. Ces notes se jouent sur la même touche au piano et à l'orgue, où elles ont la même intonation (a).

§ 3. Ces notes sont appelées **notes enharmoniques** ou encore **notes synonymes.** *etc.*

(a) L'enharmonie constituant une assez sérieuse difficulté d'intonation, il n'en est pas fait usage dans les exercices pratiques de ce volume, sauf dans la deuxième des Leçons de Solfège suivantes (p. 184).

§ 4. Tout intervalle a un ou plusieurs intervalles synonymes.

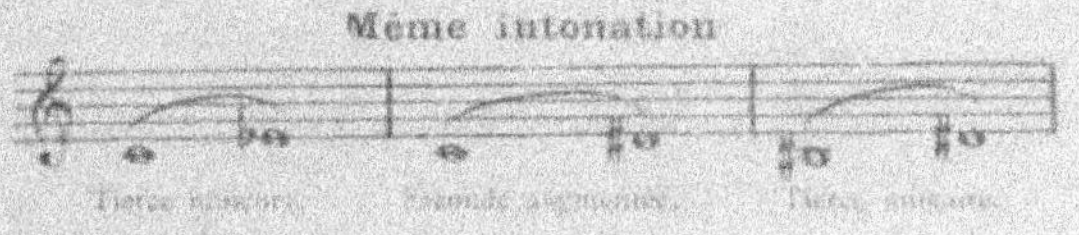

Même intonation

etc.

Quarte juste. Tierce augmentée.

QUESTIONNAIRE

781. Qu'appelle-t-on enharmonie? — 782. Quelle est la note synonyme de Fa dièse? — 783. De La bémol? — 784. De Do? — 785. De Fa? — 786. De Mi bémol? — 787. De Mi? — 788. De Sol dièse? — 789. De La dièse? — 790. De Ré dièse? — 791. De Ré bémol? — 792. De Si? — 793. Quel est l'intervalle synonyme de la Seconde augmentée?

DEVOIR

Copiez l'exercice ci-dessous, et à côté de chaque note, écrivez en blanche une autre note ayant le même son, mais différemment altérée (sa note synonyme).

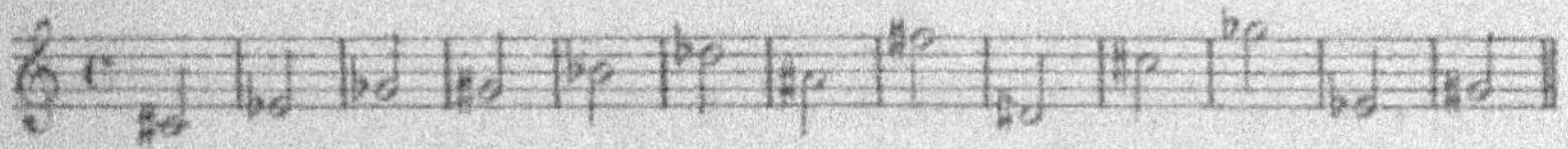

EXERCICES (à solfier)

Riten.
p
Cresc.
N. L.
Andante
enh.
enh.
J. G.
RONDE
Canon a 4 parties
Animato
A
B
Dan-sons, dan-sons, tous en rond; Le so-leil i-non-de
C
D
Da Capo
No-tre jeu de ses ray-ons, Que tour-ne la ron-de!
DIMANCHE BRETON
Allegretto
1 Met-tez vos beaux ha-bits, — C'est au-jour-d'hui di-man-che, Vos châ-les bleus ou gris, — A-vec vos coif-fes blan-ches, Vos ha-bits bien ti-rés : — C'est pour al-ler dan-ser. —
2 Met-tez vos beaux sa-bots, — Un châ-le de den-tel-le, Sur vos bas les plus beaux, — La ro-be la plus bel-le, Et vos ta-bli-ers clairs — Qui vous don-nent bel air. —
3 Quant à vous, les gar-çons, — Met-tez vos blan-ches brai-es, Vos pe-tits cha-peaux ronds — Et vo-tre veste à rai-es, Vo-tre gi-let bro-dé — Tout neuf et tout do-ré. —
Riten.

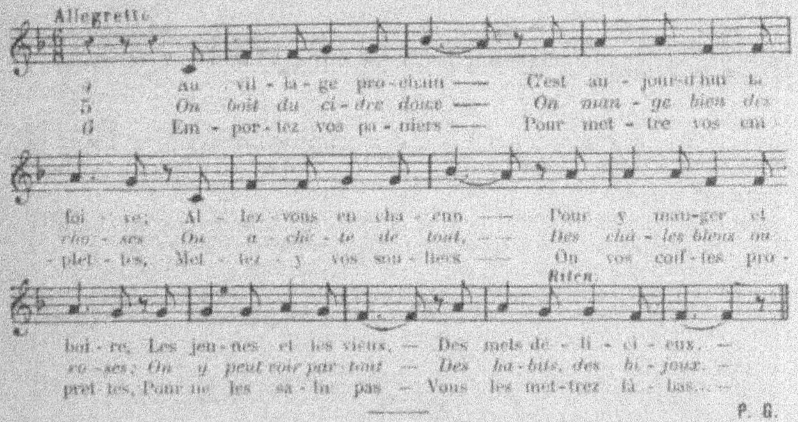

P. G.

QUATRE-VINGTIÈME LEÇON

§ 1. La **clef de Fa** placée sur la quatrième ligne est la plus usitée après la **clef de Sol** (a). La **clef de Fa** 4e ligne donne son nom à la note placée sur cette ligne.

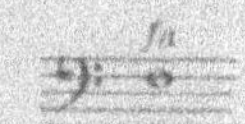

§ 2. Connaissant la place de Fa, on trouve facilement par relation, la place des autres notes, soit en montant, soit en descendant, en les prenant dans leur ordre naturel.

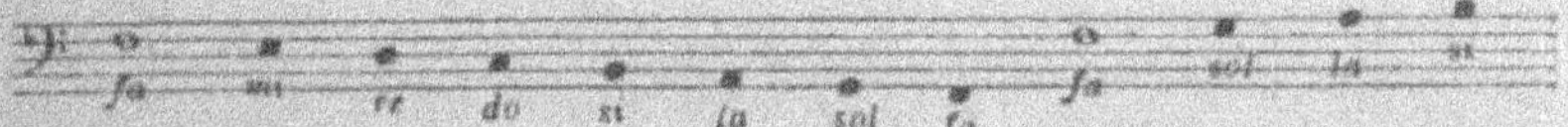

§ 3. Comme dans la **clef de Sol**, quand la portée ne suffit pas, on emploie des **lignes supplémentaires**.

§ 4. Dans la première année l'élève n'aura pas à chanter en **clef de Fa**, mais il devra s'exercer à la lire très facilement. Les exercices suivants en **clef de Fa** devront être dits en **Lectures rythmique**, c'est-à-dire en mesure, mais sans solfier.

QUESTIONNAIRE

794. En clef de Fa 4e ligne, quelle est la note placée sur la troisième ligne ? — 795. Quelle est la note placée au-dessus de la cinquième ligne ? — 796. Quelle est la note placée au-dessous de la première ligne ? — 797. Toujours en clef de Fa, quelle est la note placée dans le troi-

(a) Les instruments qui s'écrivent en clef de Fa 4e ligne sont : le piano, l'orgue et la harpe (sons graves), le violoncelle, la contrebasse, le basson, le cor (sons graves), le trombone, etc... Les voix de baryton et de basse s'écrivent toujours en clef de Fa.

sième interligne ? — 798. Quelle est la note placée dans le deuxième interligne ? — 799. Quelle est la note placée sur la première ligne supplémentaire au-dessus de la portée ? — 800. Quelle est la note placée sur la première ligne supplémentaire au-dessous de la portée ?

DEVOIR

Ecrivez en clef de Fa les notes suivantes (**Mesure C**) : 1re mesure, DO, MI, SOL, DO, **noires** | 2e mesure, SOL, FA, MI, RÉ, **croches**, DO **croche, deux silences** | 3e mesure, RÉ, FA, LA, RÉ, **croches**, FA **aigu**, MI, RÉ, DO, **doubles croches**, SI, LA, **croches** | 4e mesure, SOL **noire**, FA ♯, SOL, SI, LA, **doubles croches**, SOL, **noire, silence** | 5e mesure, DO, RÉ, MI, SOL, RÉ, MI, FA, LA, MI, FA, SOL, DO, **doubles croches**, SOL, FA, **croches** | 6e mesure, MI, FA, SOL, SI ♭, **croches**, LA, **blanche** | 7e mesure, RÉ, **noire**, MI, FA, **croches**, SOL, **noire pointée**, DO, **croche** | 8e mesure : RÉ **blanche**, DO, **noire**, **silence**, **point d'arrêt.**

EXERCICES (Lecture rythmique)

LES VENDANGES

(CANON A 4 PARTIES)

1 L'au-tomne a mû-ri sur les co-teaux Les rai-sins lourds
2 Le ven-dan-geur coupe et coupe en-cor; Au pa-y-san
3 Mais les pa-niers sont pleins jus-qu'au bord. Voi-ci le soir,

C
et les grap-pes ver-meil-les; Les grains do-rés tom-bent sous
qui passe il fait des si-gnes. Le gai so-leil em-plit les
et la trou-pe joy-eu-se Rentre au vil-lage, et sous le
D
Da Capo
les ci-seaux Et vite em-plis-sent les cor-beil - les.
che-veux d'or Des en-fants pen-chés dans les vi - gnes.
so-leil d'or Mon-te le chant des ven-dan-geu - ses.
P. G.
MON VILLAGE
CHANSON BRETONNE
Allegretto
1 J'ai-me bien mon vil-la-ge Et son jo-li clo-cher, J'ai-
2 Car sur u-ne fa-lai-se Mon vil-lage est per-ché, Car
3 Il do-mi-ne la ri-ve Et la mer d'un cô-té Il
-me bien mon vil-la-ge Et son jo-li clo-cher, Et son jo-
sur u-ne fa-lai-se Mon vil-lage est per-ché, Mon vil-lage
do-mi-ne la ri-ve Et la mer d'un cô-té, Et la mer
-li clo-cher En haut de la cô-te, Et son jo-li clo-
est per-ché En haut de la cô-te, Mon vil-lage est per-
d'un cô-té, En haut de la cô-te. Et la mer d'un cô-
-cher En haut du ro-cher. 4 Il re-gar-de les ter-res De
-ché En haut du ro-cher. 5 Et ses clo-ches ré-son-nent Sur
-té En haut du ro-cher. 6 Rien ne peut mon vil-la-ge, Me
son au-tre cô-té, Il re-gar-de les ter-res De son au-tre cô-
le pa-ys en-tier, Et ses clo-ches ré-son-nent Sur le pa-ys en-
le faire ou-bli-er, Rien ne peut mon vil-la-ge, Me le faire ou-bli-
-té, De son au-tre cô-té, En haut de la cô-te,
-tier, Sur le pa-ys en-tier, En haut de la cô-te,
-er, Me le fai-re ou-blier, En haut de la cô-te,
De son au-tre cô-té En haut du ro-cher.
Sur le pa-ys en-tier. En haut du ro-cher.
Me le faire ou-bli-er En haut du ro-cher.
P G.

Prix nets.

DANHAUSER . . . **Théorie de la musique** . . . 4 »
— **Questionnaire**, appendice de la théorie de la musique . . . » 50
— **Abrégé de la théorie de la musique** . . . » 50

SOLFÈGE DES SOLFÈGES. 19 volumes contenant un grand nombre de leçons d'auteurs anciens et modernes, et conduisant l'élève des notions élémentaires aux plus hautes difficultés de l'art musical.
1, 1 *bis*, 1 *ter*, 2 et 2 *bis*. Solfèges progressifs en clef de *sol* et clef de *fa* 4e ligne, facile et moyenne difficulté.
3 et 3 *bis*. Clefs d'*ut* 1re, 3e et 4e lignes; changements de clef avec 3 clefs, assez difficile.
4 et 4 *bis*. Clef d'*ut* 2e ligne et clef de *fa* 3e ligne; changements de clefs, avec toutes les clefs, difficile.
5. Solfèges à changement de clefs d'auteurs modernes, très difficile.
5 *bis*. Les mêmes leçons en clef de *sol* et en clef de *fa* 4e ligne.
6, 6 *bis*, 7 et 7 *bis*. Solfèges à 2 voix, assez facile à moyenne difficulté.
8 et 8 *bis*. Solfèges à 3 voix, graduées, assez facile à difficile. — 9 et 9 *bis*. A 4 voix, moyenne difficulté.
10. Solfèges avec paroles, graduées.
Chaque volume avec accompagnement . . . 3 » — Sans accompagnement. . . » [illegible]

A. SAMUEL . . . **Livre de lecture musicale**. Recueil des airs nationaux les plus caractéristiques. [illegible]
Le recueil est divisé en [illegible] fascicules gradués, chacun . . . [illegible]

VAN VOLXEM . . . **Exercices élémentaires de solfège** d'après la méthode [illegible] . . . » 75

FÉTIS . . . **30 Leçons de solfège** à changements de clefs données aux concours du Conservatoire royal de Bruxelles . . . 6 »

GEVAERT . . . **25 Leçons de solfège** à changements de clefs, données depuis 1871 aux concours du Conservatoire royal de Bruxelles . . . 4 »

L. GRANDJANY . . . **50 Leçons manuscrites de solfège à changements de clefs**, en 2 volumes, chacun . . . [illegible]

L. GRANDJANY . . . **500 Dictées graduées** . . . [illegible]
— **Questionnaire musical** . . . » 50

LAVIGNAC . . . **Solfèges manuscrits**. Six volumes progressifs :
1. Op. [illegible] 70 leçons, dix sur chaque clef, facile . . . [illegible]
2. Op. [illegible] 50 leçons sur 2, 3 et 4 clefs, facile . . . [illegible]
3. Op. [illegible] 50 leçons à changements de clefs sur 5 clefs, assez difficile . . . [illegible]
4. Op. [illegible] 50 leçons à changements de clefs sur toutes les clefs, difficile . . . [illegible]
5. Op. [illegible] [illegible] leçons — — difficile . . . [illegible]
6. Op. [illegible] [illegible] leçons — — très difficile . . . [illegible]

CANOBY . . . **10 Leçons de solfège très difficiles à changement de clefs**. (Préparation aux concours.) . . . [illegible] 50

RATEZ . . . **50 Leçons de solfège** à changements de clefs sur les clefs de *sol*, de *fa* 4e ligne, d'*ut* 1re, 3e et 4e lignes . . . [illegible]

ROUGNON . . . **30 Leçons de solfège à changements de clefs** (Préparation au concours) . . . [illegible]
— **60 Leçons sur toutes les clefs**. (Sans changement de clefs.) . . . [illegible]

J. GUY ROPARTZ . . . **Leçons de solfège** à changements de clefs . . . [illegible]

LAVIGNAC . . . **Cours complet de Dictée musicale**. Six parties progressives :
1. [illegible] leçons, intonation, facile . . . [illegible] 50
2. [illegible] leçons, rythme, facile . . . [illegible] 50
3. [illegible] leçons, dictées mélodiques faciles et moyenne force, assez difficile . . . [illegible] 50
4. [illegible] leçons, difficultés de rythme et d'intonation, difficile . . . [illegible] 50
5. 150 leçons, dictées assez difficiles et difficiles, modes majeur et mineur, difficile . . . [illegible] 50
6. 150 leçons, dictées difficiles et très difficiles, modes majeur et mineur, très difficile . . . [illegible] 50
L'ouvrage complet en un volume . . . 20 »

CAHIER DE PAPIER RÉGLÉ A MUSIQUE POUR LA DICTÉE . . . » 15

LAVIGNAC . . . **Collection complète des leçons d'harmonie**, augmentée de nombreuses leçons écrites spécialement pour cet ouvrage par MM. Th. Dubois, Massenet, Guiraud, Léo Delibes, César Franck, Ch. Lenepveu, Duprato, Ad. Rémyre, Paladilhe, Taudou, Bazille, Ch.-M. Widor, G. Fauré, Guilmant, X. Leroux, Chapuis, Samuel Rousseau, Marty et Paul Vidal.
1er Recueil { [illegible] leçons classées progressivement / [illegible] leçons d'auteurs divers } . . . 10 »
La partie donnée (livre de l'élève) . . . [illegible]
2e Recueil. [illegible] leçons faciles ou de moyenne force. (Examens d'admission. Concours des Conservatoires de [illegible] et de Lyon.) . . . 10 »
La partie donnée (livre de l'élève) . . . [illegible]
3e Recueil { [illegible] leçons difficiles ou très difficiles. (Examens et concours des classes d'harmonie [illegible] Conservatoire.) / 12 leçons d'auteurs divers } . . . 10 »
La partie donnée (livre de l'élève) . . . [illegible]

CH. LENEPVEU . . . **Leçons d'harmonie** suivies de 20 leçons inédites de MM. Th. Dubois, E. Guiraud et [illegible] . . . 12 » — La partie donnée (livre de l'élève) . . . [illegible]

H. LEMOINE . . . **Traité d'harmonie pratique** . . . 15 »

A. REICHA . . . **Traité d'harmonie pratique** . . . 20 »

A. MERCADIER . . . **Méthode complète pour apprendre à moduler dans tous les tons** . . . [illegible]
— **L'art du prélude, méthode pour apprendre à préluder** . . . [illegible]

F. BAZIN . . . **Cours d'harmonie théorique et pratique** . . . 25 »
— **Cours de contrepoint** . . . 25 »

BAUDIOT . . . **Traité de transposition musicale** . . . 5 »

H. BERLIOZ . . . **Traité d'instrumentation et d'orchestration modernes**, suivi de l'art du chef d'orchestre . . . 40 »

H. BERLIOZ . . . **L'art du chef d'orchestre**, extrait du Grand Traité d'instrumentation . . . [illegible]

G. PARÈS . . . **Traité d'instrumentation et d'orchestration** à l'usage des musiques militaires, d'harmonie et de fanfare . . . [illegible]

F.-A. GEVAERT . . . **Nouveau traité d'instrumentation** . . . [illegible]
— *Le même*, traduit en allemand, en portugais et en espagnol.
— **Abrégé du Nouveau Traité d'Instrumentation** . . . 15 »
— **Cours méthodique d'orchestration** . . . 25 »

DUPOUY . . . **L'Art du chef de pupitre** . . . [illegible] 50

Imp. [illegible], Rue de la Tour d'Auvergne, Paris. Janvier [illegible]

www.ingramcontent.com/pod-product-compliance
Ingram Content Group UK Ltd.
Pitfield, Milton Keynes, MK11 3LW, UK
UKHW022102260726
13993UKWH00001B/264